孩子成長的路上爸爸不應該「袖手旁觀」。
孩子呼喚陪伴，尤其是爸爸的陪伴！

陪伴

郭彥軍
李　波 ◎ 著

財經錢線

前　言

　　在十字路口和一對母女不期而遇，媽媽走在外側，女兒走在內側。媽媽左手打開一本書，右手在過十字路口的時候會牽著女兒，一路走著一路讀著。女兒靜靜地聽著，默默地跟隨著……在車水馬龍的巷口，母女倆兒的身影成為一道溫暖的風景。

　　如果說偶爾遇到這樣的情形，在擦肩而過的瞬間很難引發您的好奇，使你心血來潮吧。在我的印象裡，每天都會遇到這對母女，只是時間或早或晚。小時候，就聽老師講走路讀書害處多多，自己也拜走路讀書所賜，鼻梁上架了副眼鏡。這位媽媽何以不知道走路讀書的害處，選擇日復一日、月復一月的堅持？我想只有用一個「愛」字去詮釋吧。有了愛，才有了媽媽行走閱讀的美麗；有了愛，才有了女兒靜靜地聆聽，可以忽略車流的嘈雜、鬧市的喧囂；有了愛，才有了媽媽和女兒的交流，一問一答，圍繞著閱讀的內容展開，又圍繞著問題的解答結束。

　　拋卻媽媽走路閱讀的利害，從心底我倒欽佩起媽媽對於女兒承諾的兌現：想必在女兒成長的記憶裡，閱讀不可或缺，有苦也有甜！伴隨著女兒走過快樂的童年，走向陽光燦爛的少年。目及母女的淡然，我在想當我們批評孩子不守諾言的時候，想想我們自己是否重信守諾，行走的閱讀不失是一種修正的範本；

不在乎您說了什麼，而在於您做了什麼。

　　不知道女兒是否在認真聽媽媽唇齒間流淌的每一個文字，是否理解文字背後的良苦用心？從女兒的表情看，她已然習慣了這種聽讀的方式，可以讓她集中精力，可以讓她如醉如痴，這一點與毛澤東在鬧市讀書如出一轍。從某種意義上說，行走的閱讀隨意而不刻意，一路走一路讀，與路途的長遠無關，讓接送孩子上下學的路上有了琅琅書聲，這不正是愛到深處的寫照嗎？

　　春暖花開的日子，正好是讀書的好時節。讓我們打開書本，一起享受閱讀的樂趣。可能的話，與孩子一起讀，一個讀一個聽，一個問一個答，你會從另一個角度瞭解孩子的世界，不也是一種有益的嘗試嗎？如果您有機會在十字路口碰到這對母女，請您不要鳴笛，放慢車速，靜靜地感受行走閱讀的溫馨……
(《行走的閱讀》原載於《丹秋家庭教育》)

　　當我翻開塵封的雜誌，細細品味兩年前發表的這篇短文，感慨時光易逝之外，對於親子教育有了更深的感觸。

　　一眨眼的工夫，女兒從那個在我的背上騎「馬」的小丫頭長成了有了自己的想法和判斷的小姑娘，說話間就到了上小學的年齡。和大多數青年父母一樣，我和妻子在糾結過了幾歲讀小學、上什麼樣的小學，丈量完回家的距離和時間之後，尊重孩子的意見，我們最終選擇了一所百年老校。從情感上，這所學校和我曾經就讀過的大學有源遠流長的機緣，可以說是「子弟校」吧！

　　如大多數雙職工家庭的父母一樣，如何在工作與照顧孩子之間找到平衡點也成了讓我和妻子焦慮的問題。小學畢竟和幼兒園有很大的區別，除了生活習慣的養成，學習習慣將影響孩子小學六年甚至整個求學生涯。選擇託管吧，行為習慣沒養成或者沒養好，後面要糾正起來不僅要費很大氣力而且事倍功半；

前言

請家裡的長輩帶吧,他們關注的重心在於關照孩子的飲食起居,對於孩子學習習慣的培養,尤其是面對互聯網時代的教育革命,大多愛莫能助,束手無策。起點年級雖然重要,但我們除了被動地應對,還能做出主動的選擇嗎?

大多數過來人告訴我,孩子沒怎麼管就長大了,沒什麼經驗可以傳授。隨著全職媽媽越來越多,女性自身比較敏感、愛嘮叨挑剔、心理承受力弱等因素會對孩子的性格、氣質產生消極影響。關於陪讀的話題,諸如:要不要陪?陪到什麼程度?陪多久?一度引發媒體的熱議,理性的判斷和感性的訴求難以兼顧,難免有失偏頗。在經歷了「入學拼爸爸,上學拼媽媽」的喧囂過後,《爸爸去哪兒》的熱播,說明爸爸缺席子女養育已經成為一個社會問題。

長期缺乏父愛,孩子可能會患上「缺乏父愛綜合徵」,從而造成認知、個性、情感、體格方面的障礙與缺陷。與父親接觸少的孩子,其體重、身高、動作等方面的發育速度都要落後,普遍存在焦慮、自尊心缺乏、自控力弱等情感障礙,表現出抑鬱、孤獨、任性、多動、有依賴感。

國外研究顯示,「缺乏父愛綜合徵」的孩子與那些充分獲得父愛的孩子相比,中學輟學率及成年後犯罪率均高出2倍;假如是女孩,長大後成為單身母親的概率則高出3倍;缺乏父愛的孩子年齡愈小,患綜合徵的危險愈大。

許多爸爸以工作忙,無法照看孩子作為借口,導致家庭和事業「失衡」,父親淡出孩子的家庭教育成為獨生子女行為缺陷的重要原因。

德國柏林社會科學研究中心的研究人員基於澳大利亞西部地區超過1,400名兒童的研究發現,父親每週工作時間超過55個小時,兒子將比同齡人更好鬥、具有侵略性,也更容易犯罪。

爸爸對孩子成長乃至一生產生的積極影響在1998年美國出

版的《父母》雜誌中提到了八個方面：「一是爸爸更愛與孩子玩鬧；二是爸爸使用的語言更豐富、更複雜；三是爸爸對孩子的管束更少；四是爸爸更好地幫助孩子發揮潛能；五是爸爸更多地介紹男人在現實生活中的行為和作用；六是爸爸對孩子成長的推動作用更大；七是爸爸更有效地促進孩子社會化，為他走向社會做準備；八是爸爸支持妻子，關心孩子，影響孩子的家庭責任感和社會責任感。」

在一正一反的比較中，我對於父母的角色有了更深刻的思索，我們除了給予孩子物質上的富足之外，是否想到過在孩子成長的足跡旁留下我們陪伴的身影？相比物質的富有，精神的富足更為可貴。中國人講「修身齊家治國平天下」，對於父親在家庭教育中的角色定位清晰——「子不教，父之過」。可見爸爸的責任重大。

人類文明的發端由家庭開始，家是溫暖的港灣，當我們倦了累了的時候，可以選擇停泊，優哉遊哉地在媽媽的懷裡酣睡；家是明亮的燈塔，當我們揚帆遠航的時候，可以為我們照亮前路，讓我們乘風破浪、直達彼岸。孩子是家道的傳承，不僅包含著繁衍生息，而且承接文明的延續，給予孩子鼓勵、稱讚吧，他一定會還你自信的優秀品質！

「做什麼不重要，怎麼做才重要！」我努力搜尋著孩提時代的記憶，希望對於女兒盡快適應小學生活能夠有所幫助。無奈因為久遠到20世紀80年代，事過境遷，很難梳理出來一些有價值的線索。在參加完第一次家長會之後，「錯過了就不再有」在耳畔蕩起陣陣漣漪：孩子成長的路上爸爸不應該「袖手旁觀」，孩子呼喚陪伴，尤其是爸爸的陪伴！

女兒就讀的學校，有著深厚的文化底蘊和歷史傳承，走過一個世紀的風風雨雨，從杜威教育思想發端，在中西方教育的一次次激盪之中，歷久彌新，讓創新思維的種子在這裡萌芽、

前言

開花、結果……點燃孩子們的學習熱情，創造了和創造著一個又一個「奇跡」。以學校教育為大背景，我希望在與孩子相伴成長的過程裡，真實記錄下我對陪伴新的思考。

在寫作的過程中，我遭遇到種種意想不到的困難。大家對於業務作者的寫作能力是抱有懷疑態度的，我們更希望得到「成功者」的解決方案，尤其是遇到問題的時候。本書沒有結論性的意見，以同步記錄孩子成長為主線，期待引發大家對於「陪伴」的深層次討論。讓每一個身處其中的家長獲得一些啟迪，就達到我們的目的了。

本書一共由五個部分組成，前四個部分我擷取了陪伴女兒的生活片段，最後一個部分我盛情邀請了女兒就讀學校的老師、家長和同學賜稿，以期可以從多維視角解讀「陪伴」。

目 錄

第一章　學校的那些事兒 ………………………………（1）

　　第一節　上學了，上學了 ……………………………（1）

　　第二節　第一次家長會 ………………………………（8）

　　第三節　入隊儀式 ……………………………………（12）

　　第四節　六足機器人比賽 ……………………………（15）

　　第五節　快樂思維節 …………………………………（22）

　　第六節　親子閱讀創意賽 ……………………………（26）

第二章　靜聽花開 ………………………………………（33）

　　第一節　書包裡的秘密 ………………………………（33）

　　第二節　一小時作業 …………………………………（38）

　　第三節　生日的意義 …………………………………（45）

　　第四節　操行反饋表 …………………………………（48）

　　第五節　十張表揚信 …………………………………（54）

　　第六節　課前三分鐘 …………………………………（58）

第三章　親子對對碰 …………………………………… (63)
　　第一節　小小「購物狂」 …………………………… (63)
　　第二節　遊歷閬中古城 ……………………………… (68)
　　第三節　職業體驗 …………………………………… (76)
　　第四節　一個人的旅程 ……………………………… (82)
　　第五節　冰雪奇緣 …………………………………… (88)

第四章　溝通無限 ……………………………………… (94)
　　第一節　孩子，請慢慢說 …………………………… (94)
　　第二節　臥談會的話題 ……………………………… (100)
　　第三節　我們都是父母 ……………………………… (104)
　　第四節　老師，我信任您 …………………………… (108)

第五章　眾人說「陪伴」 ……………………………… (112)
　　第一節　孩子眼中的陪伴 …………………………… (112)
　　第二節　父母眼中的陪伴 …………………………… (129)
　　第三節　老師眼中的陪伴 …………………………… (138)
　　第四節　校長眼中的陪伴 …………………………… (144)

後　記 …………………………………………………… (148)

第一章　學校的那些事兒

家長在接送孩子的時候，聊得最多的就是學校的那些事兒。那些事兒我們熟悉又陌生。熟悉源於我們有過類似的經歷；陌生則是「現代性焦慮」，讓我們精神緊張，擔心這兒擔心那兒，在真正面對矛盾時，喪失做出客觀判斷的能力。

第一節　上學了，上學了

毛毛蟲吐絲結繭，積蓄著化蝶前的能量，在破繭的瞬間，它會面臨殘酷的生死考驗，如果不能依靠自己的努力破繭成功，它就永遠喪失了飛翔的能力，終其一生都是一條毛毛蟲。只有當它竭盡全力成功蛻變為美麗的蝴蝶，才可以獲得扇動翅膀，翩翩起舞的權利。

久違的陽光從雲端灑下來，透過樹葉間的縫隙，在地面投射成斑駁的樹影。滿眼的光亮，讓人睜不開眼睛。思緒如潮，在行走中迎來嶄新的開始。如今回想起她第一天上學的情形，竟顯得這樣近又那樣遠，近得好像就在眼前，遠得只能在記憶

中找尋。如遠山的風景，模糊而清晰。模糊是因為已經記不得她穿什麼衣服了，清晰是因為看著她的背影消失在巷口，我頓時心生憐愛。那種感覺是只要腦海中浮現她背著書包的身影就會升騰起疼愛之情，讓我終不能釋懷。

當我把一年級新生入學答疑念給女兒聽，她才真正感覺到，上小學的日子近了，近到就在眼前，而她還沉浸在幼兒園快樂生活的氛圍裡。「可憐天下父母心」，我千方百計地告訴她「時不我待」的道理，提醒她入學前要做的各種準備，包括但不限於學習能力、行為習慣、生活習慣和人際交往等方面，女兒對於我事無鉅細的要求反應略顯「遲鈍」，甚至有點兒無動於衷。我說得次數多了，她反而會問我：「上小學真的有那麼麻煩嗎？」我被問得張口結舌，無言以對。是不是我太過敏感或者杞人憂天，過分擔心她不能快速適應小學生活，為了避免打擊她良好的自我感覺，越俎代庖幫她躲避新環境的挑戰，無意中殘忍地剝奪她體驗新生活的機會？

女兒吵著要讀小學是有原因的，在幼兒園班上她屬於年齡偏大的孩子，被小朋友親切地稱呼為「二姐姐」。老師的注意力通常放在年齡偏小孩子的身上，她感覺自己被冷落，加上「二姐姐」的稱謂讓她有苦說不出來，她就動起了小心思。「爸爸，你能給我買點讀機嗎？」「說說看，你怎麼想起買點讀機呢？」「點讀機可以教我認字、畫畫，還可以給我講故事。」「還有呢？」我知道這不是她真實的想法，當我問她「還有呢？」她選擇了沉默，不直接回答我的問題，以問代答：「你什麼時間給我買啊？」我反問道，「你說什麼時間買？我看一下我什麼時間有空，要不這樣，我們問一下媽媽的意見，她同意了我們就買。」我把妻子抬出來當擋箭牌，女兒好像胸有成竹，「我已經問過了，她說你同意就行。」「是嗎？」女兒學會了「鬥智鬥勇」，各個擊破。我看了一眼日曆上的備忘錄，「我們在國慶節期間買，

第一章 學校的那些事兒

應該不會耽誤工夫，你說呢?」女兒點了點頭，高興地抱起布娃娃在客廳裡轉起了圈。後來我從側面瞭解到，我們在家討論「幼升小」的事情時，忽略了在一旁玩耍的她，原來孩子看起來在玩，實際上也聽到了關於部分小學會對上學的孩子進行各種有趣的測試，其中就包括寫字，女兒「固執」地認為，只要學會了寫字，就可以上小學了。而點讀機中有識字、寫字的游戲，還有更多有趣的游戲及故事，買回後不光可以練字，更可以玩很多有意思的游戲，我估計玩游戲才是重點吧。孩子心裡的小九九，呵呵。

　　有了點讀機，她的生活一下子變得「熱鬧」起來，每天從幼兒園回來，她就會打開點讀機，聽故事、認字，也會寫幾筆，玩游戲的時間居多。女兒在點讀機裡找到了自己的歡樂，那裡面有她的童話世界，她樂在其中，流連忘返。有時候，我們也不忍把她從夢想拉回現實，可30分鐘的使用時間限制讓我們不得不一次善意地提醒她：「寶貝兒，時間到了，點讀機要關了，記住我們的約定啊。」直到點讀機裡傳出「記得每天都來看我呀」，女兒才戀戀不捨合上點讀機。

　　除了學習上的準備，生活上的準備也讓我們有點兒「抓狂」。一是睡覺，二是吃飯。女兒沒有睡午覺的習慣，晚上睡覺也翻來覆去，睡眠質量一般。上小學前要幫她調整生物鐘，每天起床時間要提前一個小時才有時間吃早餐。剛開始她很抗拒，要麼耍賴似地當作沒有聽見，要麼就掙扎著坐起來接著倒下去，哀求道：「讓我再睡一會兒嘛!」上幼兒園的時候，我們將就著她，晚一點兒就晚一點吧，可上小學要上晨讀的啊!女兒吃飯速度慢，我們已經習以為常，不奢望她能短時間提高速度，哪怕每天進步一點點我們就知足了。說起道理，女兒都聽得明白，真要做起來，總是那麼不盡如人意。「學會欣賞她吧!」我竟有點「阿Q」的自我解嘲，孩子在成長的過程中，都是從不會到

003

會一點兒，到會得更多，再到完全掌握。學會欣賞，就是既表揚她的優點，也要包容她的不足，這才是完整地接納！否則就是殘缺不全的接納！

《文摘周報》有一期刊登了香港一年級語文課本的內容《學校像迷宮》，其中寫道：「學校大，像迷宮。走走走，跟著老師走迷宮。老師前面走，我們後面跟。走來走去怎麼又回到教室裡？」讀起來朗朗上口且發人深省。讓我想起十多年前在一所大學做年級主任時，每到新生報到入學，我就會組織學生參觀校園，依次介紹教室、圖書館、實驗室、辦公樓等地點，中間夾雜著歷史掌故，學生聽起來覺得生動有趣，對於校園環境也很快熟識了，以後極少發生找不到上課地點的情形。為了讓女兒盡快熟悉校園環境，報名結束後，我和妻子帶著女兒教她識別廁所、教室、樓層指示牌的信息，以緩解她面對新環境時的焦慮不安。

前幾日，上學的時間總不能準點，或早或晚老是差那麼幾分鐘。我和女兒散步的時候問她：「你怎麼那麼慢啊？你以前的工作不是挺麻利的嗎？」「爸爸，我也想快，你們越催我，我越快不起來，我也不知道為什麼。」我也百思不得其解，在參觀北京順義的蝴蝶谷後，我隱隱約約找到了一絲線索。毛毛蟲吐絲結繭，積蓄著化蝶前的能量，在破繭的瞬間，它會面臨殘酷的生死考驗，如果不能依靠自己的努力破繭成功，它就永遠喪失了飛翔的能力，終其一生都是一條毛毛蟲。只有當它竭盡全力成功蛻變為美麗的蝴蝶，才可以獲得扇動翅膀，翩翩起舞的權利。女兒的表現不正像一只毛毛蟲，在慢慢地爬行中慢慢長大嗎？讓我們從蝴蝶變回毛毛蟲，和她一起慢慢爬，慢慢爬……

就像抓在手心裡的沙子一樣，你抓得越緊，沙子漏掉的速度越快。要解除她的抗拒，我首先放棄了原來的讓女兒「強烈排斥」的溝通方式，對於「不許、不準、不行」這類詞盡可能

第一章 學校的那些事兒

少用,能不用就不用。比如「不準遲到」,孩子是沒有什麼概念的,也不用承擔什麼後果的!我嘗試以身說法,「寶貝兒,比如爸爸上班遲到了,那是很嚴重的,到了上課的時間,我沒有到教室給學生上課,就會被視為教學事故,不僅要經濟處罰,還會影響評先進。」我言之鑿鑿,不但絲毫沒有引起她的重視,而且她還批評我:「既然遲到這麼不好,你幹嘛還要遲到?」讓我哭笑不得。

根據吸引力法則,常常對孩子說「你不要……」「不能……」「不行……」的父母,不要埋怨孩子們成年後乏善可陳,一無是處,因為他每一次的嘗試冒險都被「扼殺」,甚至擔上違拗父母的罪責!殊不知人們的大腦會主動過濾掉「不」,留下與你事與願違的信息,從而造成溝通無效的「反結果」。我增加使用「可以」「你能」這類詞的頻率,我學著用「8點20分之前要到學校」這樣的表達方式,從這以後女兒自己倒擔心起遲到的事情,早上總是催著我早一點出門。她擔心被高年級的大哥哥、大姐姐登記姓名,扣他們的班分,進而影響評選「文明班級」。拖班集體的「後腿」,在女兒眼中不是一件光彩的事兒。她也偶爾有遲到的情況,倒沒有被扣班分,我問她詳細經過,她要求我不能告訴媽媽,然後才慢吞吞地說:「早上有幾個同學都遲到了,我趁大哥哥、大姐姐在記名字的時候,悄悄溜了進去,他們沒有發現我。」「哈哈,你這叫漏網之魚,遲到就是遲到,這樣做可不好?」「可要扣我們班分,就不好啦!好羞羞臉啊!」「這種行為比扣班分還嚴重呢,心存僥幸,下次遲到還溜進去啊?」「沒有下次了!」看著她一本正經的神情,我摸了摸她的後腦勺,「錯了就是錯了,不要給自己找那麼多理由,不想給班集體抹黑,就要好好表現,耍小聰明你覺得這樣做,對嗎?」我用女兒說話的腔調反問她。「我知道錯了,還不行嗎?」「行,下次一定要長記性,不過二。」她一下來了興頭,「爸爸,什麼

005

叫不過二呢？」「不過二就是同樣的錯誤不要故意犯兩次。」「這有什麼難的？」「別小看不過二，真正能做到的人很少。」她想了想，「爸爸，我能做到不過二！」「有志氣，不過二是孔子對顏回的評價，真要做到可不容易啊！」我豎起了大拇指，「爸爸，你能做到嗎？」「爸爸也做不到不過二，我們一起努力，好不好！」女兒伸出小指頭勾著我的小指頭，用大拇指與我的大拇指面對面挨在一起，口中念念有詞：「拉鉤上吊，一百年不許變！」

　　上學對於孩子來說，面臨的壓力比我們想像得要大。因為入學測試要考一分鐘跳繩，妻子無意的一句話讓女兒緊張了一個多星期。早上送女兒上學的時候，女兒對我講：「爸爸，跳繩測試我通不過怎麼辦啊？我好緊張。」「爸爸相信你一定能行，即便通不過，也沒有關係，關鍵是要加強訓練！」「媽媽說過不了測試，就不能上小學了，只能回幼兒園。」我心裡咯噔一下，壞了，女兒理解錯了妻子的意思。我趕緊修正，「寶貝兒，媽媽的意思是說讓你好好鍛煉，不能再像上幼兒園的時候那樣松松垮垮，你是小學生了，否則和幼兒園時相比就羞羞臉了！別緊張，下午放學，爸爸陪你鍛煉，通過測試沒問題！」女兒不大相信我的話兒，「可萬一沒及格呢？我會不會被退回去？」「不會的，老師看你練得那麼認真，捨不得把你退回去的！」她看我不像是在騙她，才沒有繼續糾結下去。為了讓她順利通過測試，放學後我陪她來到大學校園的運動場，進行強化訓練。「一個，兩個……」還沒跳十來個，女兒停了下來，「爸爸，我跳不好啊！」「你們是一分鐘測試，又不是要求連續跳。不著急，主要是你的動作不夠協調，你想一想體育老師是怎麼教你的？」女兒站在原地，用雙手把繩子有節奏地甩起來，「注意要用手腕的力量，跳起來才輕鬆，跳的時候，不要移動過大距離，最好在原地跳，這樣速度也能提起來。」針對女兒跳繩的表現，我糾正她的一些動作。「爸爸，你會跳繩嗎？」女兒歪著頭問。「爸爸跳得

第一章　學校的那些事兒

不好，你跳好了，教我好不好？」「大胖子，媽媽讓你減肥，你要加強鍛煉啊！」「沒錯，爸爸決定跑步，每天跑800米！」我咬牙說出了自己的訓練目標。「前提是你要達標」，我補充道。「好啊，看我的！」當她主動告訴我測試結果，我沒有過多詢問成績如何，而是淡淡地說：「在這個過程中，你收穫了比成績更重要的信心和勇氣，有了這種信心和勇氣，就沒有你做不好的事情，加油，努力！」「多吃巧克力！」女兒嘻嘻哈哈地接上了話，看得出來她信心滿滿。

起點年級不僅意味著環境的變化，更重要的心智也在逐漸發育。對於周圍的人和事，孩子都有一個從學會面對到逐步調整再到學會適應的時期，心理上的準備時間通常超過我們的想像，毫不誇張地說這可能會影響孩子的一生。

如何讓孩子對小學生活充滿向往？答案或許不再孩子身上，捫心自問，我們家長對於學校的信任有幾何？對於老師的信心有幾分？家長的言談舉止不知不覺影響著孩子的判斷。「再不聽話，把你送到學校去，讓你們老師收拾你！」也許我們的本意不是恐嚇，但在孩子幼小的心靈中留下的印記卻是：「學校是夢魘開始的地方，只有不聽話的孩子才會上小學，去學校也無快樂可言，老師像怪獸，等著收拾我們呢？」我沒有想批評家長的意思，當我們經過慎重選擇，把孩子交給學校和老師，也應該把信任、理解和支持一起相托。不妨換一種表達方式：「寶貝兒，你是個好孩子，等你年齡夠了，爸爸媽媽就送你上學，學校有老師、同學，可以學文化，長知識……」相信孩子聽到這樣的話兒，她會認為「學校是美麗的地方，在那裡有夢想，有希望！自己只有表現好，才能去，上小學是一件多麼開心讓人羨慕的事情啊！」你想孩子還會厭學嗎？

第二節　第一次家長會

正如世界上找不到兩片完全一樣的樹葉一樣，每個孩子身上都蘊藏著巨大的潛能，等待著我們去發現、發掘。「木桶定律」對家長的影響深入人心，要想增加水桶的容量，就是要把短板補上來！長此以往孩子的個性就被無情的絞殺，變成了工廠流水線上的「標準產品」，發現孩子的優勢，就是要揚長避短，重在揚長！

說起家長會，很多家長往往有一種刻骨銘心的傷痛：幾家歡喜幾家愁，家長會過後，很多孩子往往成為「踢貓效應」的受害者，噩夢開始，父母又開始喋喋不休說著「熊孩子」的缺點和不足，在比較中漸漸對孩子失去信心和耐心。我也組織過家長會，面對不同年級的家長演說《發現孩子的優勢》，現場收到的反饋常常是家長的無奈：理想很豐滿，現實很骨感！一說起孩子的學習能力，我們更關注的是孩子的智商發展，表現為考試成績的好壞，名次的高低，而這些將決定孩子能否就讀名校。對於孩子的非智力因素的培養，往往是解決了考試成績這個老大難問題後才開始關注諸如情商、逆商、財商等方面存在的問題，到頭來事與願違的事情時有發生。我們這樣做難道有錯嗎？相比動機、個性等心理特徵，知識和技能的掌握程度更容易度量，但前者會影響孩子的價值觀，也就是孩子的信念和心態，進而影響孩子學習知識和技能的興趣和愛好。因此要求我們家長在孩子定型前，更應該關注孩子的心態和心理健康，做到從根本上解決孩子的學習動力問題。

第一章　學校的那些事兒

參加自家孩子的家長會，對我來說卻是大姑娘上轎——頭一回，所以今天說起來，好像才剛剛發生。「莫道行人早，更有早行人」。那是8月最後一週星期四下午，等我到了會議地點，早已是座無虛席，會議的主題是「牽手教育，一起成長」，內容豐富而且銜接緊湊。翻開當時做的筆記，可以看出校方用心良苦。「成長」這個詞，並不如「暢想」所描述的那樣，相反，卻和煩惱聯繫緊密。成長一方面是學習新知識、新技能，一方面是告別舊的觀念、行為和習慣。與其說是父母給了孩子成長的機會，不如說是孩子給了父母成為父母的機會，孩子在成長過程中不斷試錯，沒有條條框框的約束，他們對未知世界充滿好奇，廢寢忘食，甚至「走火入魔」！在孩子眼中，日子每天都是新的！對於孩子日新月異的變化，父母卻充滿困惑，抱著孩子還沒有長大，還需要父母的守護，還需要細緻入微的照顧的舊思想不放，埋下了產生矛盾的種子。孩子在成長，不斷接受新知識、新觀念，父母卻故步自封，活在自己的世界中，裂隙由此產生。校長向家長推薦了三本書：《家長的革命》《孩子你慢慢來》《目送》，潤物無聲地告訴家長：父母也需要學習，更需要成長！

「素質教育」和「應試教育」孰是孰非的爭論持續了很多年，「素質教育」距離我們還是漸行漸遠，中國學生缺乏創造力卻是不爭的事實。究其根源，是我們落後、僵化的思維模式無法培養出具有「理想主義情懷」和「探究精神」的創新性人才。落後、僵化的思維模式是以實用主義為核心的，對自己有用的就拿過來，對自己看似無用的就熟視無睹。即便是「有用的」那一部分也不求甚解，按照自己的片面理解隨意解讀，造成思維上注重主觀解讀忽視客觀實證的局面，在缺乏科學依據的情況下信口開河。最吸引我的是學校2012年以來發展學生思維能力的嘗試，以思維教育文化為核心，勤思、樂思和善思，

無疑是一種積極探索：課前指導性預習、課中探究性學習、課後拓展性練習，讓孩子學習由被動變主動，把「課堂」變「學堂」，讓我對女兒的小學生活充滿期待。

家長會一共分為兩個部分，除了校方組織的年級家長會，還有各班組織的家長會。《校長心語》如涓涓細流，流淌進每一位家長的心田，滋潤著家長的情感，六年，一千八百多個日夜，人生有多少個六年？六年的起點竟然如此浪漫，校長用一首小詩傾訴著她對教育的情懷，如此我再次誦讀下面的文字，依舊熱血沸騰，感動得熱淚盈眶！

> 六年，我們用文明播種文明，讓我們的孩子懂得知書達理，舉止優雅，男孩有紳士風度，女孩有淑女氣質。
>
> 六年，我們用愛心澆灌愛心，讓我們的孩子熱愛生命、熱愛社會、熱愛大自然，懂得尊重與敬畏，懂得寬容與合作，懂得讚美與欣賞，懂得責任與擔當。
>
> 六年，讓我們用智慧啟迪智慧，讓我們的孩子如此好奇，在他小小的世界裡開滿繽紛的花朵，清晨的每一聲鳥鳴都會引去他的目光。
>
> 六年，讓我們用書香浸潤書香，讓我們的孩子愛上閱讀，閱讀中外名作，閱讀世界這本大書，讓我們的孩子擁有詩人般的才情，智者般的胸襟，學者般的智慧。
>
> 六年，我們用尊嚴養育尊嚴，尊重每一個學生的選擇，尊重每一個學生的人格，讓我們的孩子人人都很快樂，善待他人，互相幫助，都被大家接納。讓我們的孩子沒有落後與難過，沒有怯弱與自卑，沒有脅迫與沮喪，讓每一個學生有尊嚴地活著。

第一章 學校的那些事兒

六年，讓我們耐心守護孩子的成長！六年，讓我們用心欣賞孩子的變化！六年，讓我們靜聽花開的聲音！

坐在貼有女兒姓名的座位上，我認真做著筆記，生怕有所遺漏，回家需要向女兒一一傳達。數學老師對於家長的要求明確而細緻：督促孩子認真、按時、獨立完成作業，每天檢查孩子的作業。班主任的要求更側重於培養良好習慣的養成，重點談了自己的教育理念：公平與民主，在任何活動中鼓勵孩子參與，在某一方面發揮特長；嚴在當嚴處，愛在細節中；有愛心，有規則意識；相互理解，彼此尊重！

說到發現孩子的優勢，我聽到父母說得最多的是孩子的不足。我曾經做過一項隨機測試，孩子拿著這樣的成績單回家：社會學A，英語B，代數D，您會花時間和孩子討論哪門功課！大多數父母選擇了代數，選擇社會學竟然被當成不可思議的事情！當我們過分關注孩子的弱點，扼殺的卻是孩子的優勢！這也是中國學生缺乏自信的家庭原因！

正如世界上找不到兩片完全一樣的樹葉一樣，每個孩子身上都蘊藏著巨大的潛能，等待著我們去發現、發掘。「木桶定律」對家長的影響已深入人心，要想增加水桶的容量，就是要把短板補上來！長此以往孩子的個性就被無情的絞殺，變成了工廠流水線上的「標準產品」，發現孩子的優勢，就是要揚長避短，重在揚長！

中國人對於「愛」這個字的理解含蓄而深沉，羞於向親愛的人表達，即便說，還未出口已經羞紅了臉。父母把握不好愛孩子的分寸，以為物質上的滿足就是「愛」，忽略了情感上的交流，往往把付出當成了一種「權利」：口誅筆伐的權利，博取同情的權利，不知不覺剝奪了孩子被愛的自由。孩子在這種環境

中長大，認為被愛是理所應當，只知索取，不願回報，這也是獨生子女吃「獨食」的原因。「嚴父慈母」就是對父母的要求：爸爸要嚴在當嚴處，媽媽要愛在細節中。班主任有如此深的教育感悟，我為孩子們感到欣欣然。

關於規則意識，近些年來見諸報導的一下子多了起來。物質文化水平的提高並未帶來素質覺悟的飛躍，國人在異邦的種種不文明行為，恰恰是需要補「規則意識」這一課。農業文明依賴親緣、地緣、血緣等作為連接的橋樑和紐帶，工業文明則借助於契約維持利益格局的平衡。人際關係的親疏遠近在某種情景下就是對於規則最持久的破壞力量。沒有規矩，不成方圓。規矩只有符合普世價值觀，才能為大多數人所信仰，這與國界無關，恰恰是教育浸潤的結果。

聆聽老師的諄諄教誨：陪著孩子一起閱讀，積極參加孩子的學校活動，正確面對孩子在學校的問題，注重儀容儀表，制定好放學回家的時間安排……我思緒如飛，思考著怎麼去做，才能達到老師的要求。一切為了孩子，為了孩子的一切，此刻就是我真實情感的表達！

第三節　入隊儀式

「十里不同風，百里不同俗」。儀軌除了約定俗成的規範，還有它個性化的表現，在正確價值觀的指引下散發著璀璨奪目的光芒，在人類文明的歷史長河中如耀眼珍珠散落在古代典籍中。儀式莊重而肅穆，在潛移默化中完成了心靈的淨化和文明的洗禮。

10月13日，「星星火炬 代代相傳」主題隊日。

第一章 學校的那些事兒

作為曾經的少先隊大隊部大隊長，仿佛在他鄉邂逅兒時的玩伴兒，除了感嘆事過境遷，腦海中也多了一份對往昔歲月的追憶。不知道是什麼緣故，我們那一屆學生入隊很晚，一直到四年級上學期才加入少先隊的，而且不是人人都能成為少先隊員的，只有德、智、體全面發展的學生才有機會被老師推薦，還要公示，最後才能參加入隊儀式，並且要在入隊儀式上高唱《少年先鋒隊隊歌》，記得入隊前的幾周，每天放學後，即將加入少先隊的同學們練歌的情形，真是活靈活現！引得沒能入隊的同學用現在的詞是「羨慕、嫉妒、恨」吶。

我早早地到了校門口，只見人頭攢動，爸爸或者媽媽被要求參加主題隊日活動，高年級同學為爸爸媽媽們系上紅領巾，當紅領巾在胸前飄揚，我們好像又回到了小學時代，和小夥伴三五成群高高興興地上學去。到了操場，孩子們還沒有下來，家長你一堆我一堆地站立著，或者小聲交談著或者在盯著自己的手機，大家不時張望著樓梯口。約一盞茶的工夫，孩子整齊排著隊到了指定的區域。家長立即躁動起來，找尋著自己的孩子，按照指令很快走到孩子身邊，孩子也叫起來，「爸爸」「媽媽」的叫喊聲響成一片。主持人要求家長退後，待入隊儀式開始後再上前，一切顯得井然有序。

我的入隊儀式，父母並未被邀請參加，為我系上紅領巾的是學姐。我當時想像著戴上紅領巾，就可以像小兵張嘎那樣手持紅纓槍放哨站崗了，沒想到只是佩戴了三條杠的大隊長臂章，並沒有發紅纓槍給我們，為此我還找輔導員問了幾次，為什麼不發紅纓槍。

少先隊鼓號隊奏響《出旗曲》，鼓聲渾厚，號聲嘹亮，把我的思緒拉回到現實。入隊儀式開始了！按照主持人的要求，我們依序前進，站在孩子的身邊，為孩子佩戴紅領巾。女兒一把搶過來說：「爸爸，我自己系，我會系。」「不行啊，今天的儀式，

必須是爸爸給你系。」當我熟練地把紅領巾系在女兒的脖子上，她先向我敬了一個標準的隊禮：右手五指並攏，高舉頭上。

接著我也向女兒敬隊禮，她卻糾正起我的手勢來：「爸爸，你敬的隊禮不標準，要五指並攏，手臂彎曲……」她連說帶比畫，直到我敬的隊禮符合標準為止。乘著做動作的空兒，我有心想考考她：「寶貝兒，您能告訴爸爸隊禮代表什麼嗎？」她想了想，「老師教過我們，代表人民的利益高於一切！」說起話來鏗鏘有力。我不知道她是否真的理解「人民利益」的真正含義，也許她所能做的就是在點點滴滴的日常生活小事中去培養這種好的意識。我情不自禁地把她抱在懷裡，單手用手機記錄著這一幸福時刻——女兒成為少先隊員了！

我回憶起自己主持新隊員入隊儀式的情形，紅領巾是五星紅旗的一角，五星紅旗是革命先烈用鮮血染紅的，紅領巾飄揚在胸前提醒少先隊員要時時刻刻、處處事事嚴格要求自己，爭做「五好少年」！

主題隊日的活動豐富多彩，入隊儀式是由高年級同學主持的，從各班級清點人數向大隊委報告，到新老交替完成，新大隊委的集體宣誓以及給輔導員頒發聘書，團委書記講話，校外輔導員講話，松弛有度，不落俗套。看著他們落落大方的主持，我感喟長江水後浪推前浪。我五年級時也代表大隊委主持過這樣的入隊儀式。當時把「發言」和「講話」兩個詞張冠李戴，請校長「發言」，請少先隊員代表「講話」，在語文課上被老師作為案例，一時傳為笑談。

通過這簡單的對比，我們不難發現教育改革帶來的進步：隨著物質文化生活水平的提高，大多數中國家庭更重視孩子的教育。儘管還有不盡如人意的地方需要改進，但與改革開放之初相比已經有了巨大的進步。

女兒也許還沒有完全明白，加入少先隊對於她的小學生活

意味著什麼。就是因為有了這樣的儀式，讓孩子隱約感覺到自己即將擔負起的責任，從第一次佩戴紅領巾起，她將成為社會公民中的一員。

中國被譽為「文明古國」「禮儀之邦」，在古代四大文明中碩果僅存，這與中國人重視教化，尤其是下一代的教育休戚相關，CCTV 製作的《家風》節目就是這種教育傳承的濃縮，「禮儀」絕非僅限於儀式這樣狹小的範圍，關於「站坐行進」的禮節只能屬於「禮儀」的細枝末節，「禮儀」的社會價值在於維持全社會的秩序。

「尊重為本，形式規範，善於表達」是中國人待人處事接物遵循的基本原則，我們可以從《弟子規》中找到它的具體體現，近年有人批判《弟子規》不以兒童為本位，忽略孩子的心理發育，有人批判儀軌的繁文縟節，形式大於內容，卻很少探求儀軌背後隱藏的文化價值。

「十里不同風，百里不同俗」，儀軌除了約定俗成的規範，還有它個性化的表現，在普世價值觀的指引下發散著璀璨奪目的光芒，在人類文明的歷史長河中如耀眼珍珠散落在古代典籍中。儀式莊重而肅穆，在潛移默化中完成了心靈的淨化和文明的洗禮。

第四節　六足機器人比賽

因為這份鼓勵，在孩子的心中播下希望的種子，讓他們在科學求知的道路上勇攀高峰；就是因為這份鼓勵，我們發現了蘊藏在孩子身上的巨大潛能，他們在活動中發揮了自己的優勢；就是因為這份鼓勵，老師把競爭與合作的意識灌輸給學生，一花獨秀不是春，

要競爭更要合作，榮譽屬於班級！

6~7歲的孩子，對於未知世界充滿了好奇，他們沒有思維定式，在他們的眼中，這個世界是嶄新的。在一次次跌倒之後，他們一次次選擇爬起來，勇敢地按照自己的想法表達對於周圍人和事的理解；他們渴望被關注，所以在被表揚之後樂此不疲，簡單而重複地做著一件讓成人覺得枯燥的事情，直到做過之後真正明白。在這段時間，對於孩子的行為觀察難能可貴，您可以從他們的行為舉止中看到成長的快樂：因為喜新厭舊而趣味盎然，因為勇往直前而精彩不斷；您也可以從他們的喜怒哀樂中讀到成長的煩惱：因為弱小而無奈；因為強迫而被動。

把複雜的事情簡單做，簡單的事情重複做，重複的事情有創造性地做，也許就是70後父母與00後孩子的「代溝」，我們過早追求精確知識，而缺乏浪漫情懷。他們天性開朗，在突破牽牽絆絆之後迴歸自然，做著真實的自己。

六足機器人，是學校協辦的一項科技競賽，主要是訓練孩子的創新思維能力和動手能力。班主任老師在家長群裡剛通知，我便第一時間跟女兒商量，一來女兒比較喜歡動手製作她喜歡的東西，比如折紙，她可以參照圖解一步一步製作完成，在她隨身攜帶的包包裡，總是有幾張彩色的折紙。二來就是讓她融入班集體生活，同學們一起完成規定要求的安裝、調試等工作，可以在融洽的競爭氛圍下相互學習，有利於培養孩子的探索精神。對於比賽成績，我倒不怎麼看重，興趣第一、比賽第二，貴在參與。

興趣是最好的老師，強迫孩子做她不喜歡的事情，容易讓孩子產生抗拒甚至逆反心理。對於是否參加比賽，還是要徵求女兒的意見，考慮她的接收度和理解力。下午接她放學的時候，我告訴她，學校在組織機器人比賽，問她是否要參加。女兒當

第一章 學校的那些事兒

時也許沒有聽明白，也許沒有聽清楚，沒有立刻答應我。看到這種情形，我想她一定在思考：好玩嗎？

女兒很有主見，做一件事情要重複很多次，直到她完全清楚為止。陪伴的過程會讓人很抓狂，不知道還要重複多少次才可以看到出口的光亮。無論你多麼疲乏，她總是興致勃勃期待你和她一起見證偉大時刻的誕生！

晚上吃飯的時候，我又一次提起六足機器人比賽的事情，她若有所思地答應了。她喜歡做實驗，在她的腦海裡還分不清楚做實驗和參加比賽有什麼不同，這就是6～7歲孩子的可愛之處。

我和大多數70後父母一樣，都有一種補償的想法，因為自己的童年簡單而蒼白，所以想把自己未體驗的、未經歷的事物一股腦地補償給孩子，期待希望與夢想在孩子身上延續和傳承。從女兒報名到拿到六足機器人的製作部件，中間有近兩個月的時間，直到有一天放學，她從書包裡拿出比賽模型，我知道我的「麻煩」來了。

女兒望了望盒子裡的元器件，傻了，不知道該怎麼動手，於是，不假思索地喊：「爸爸，這個實驗怎麼做啊，你快教教我吧。」我心中有點小得意，爸爸在孩子心中就是為她解決「麻煩」的，而且這些「麻煩」也只有找爸爸才可以順利解決。我接過盒子，首先拿出組裝說明書，引導著孩子認真閱讀，並分清楚工具的作用，各種零部件的位置，女兒似懂非懂地看著我，拿著其中幾隻機器人足跟我一起動起手來，很快她便上好了螺絲，興奮地叫嚷起來：「爸爸，你看你看，我裝好了！」她的眼神中滿懷期待，期待著我的讚美和肯定，她的頭仰得高高的，禁不住手舞足蹈起來。「讓我來看看你的作品」，我故意放慢語速，拖著音說，一邊接過來，一邊扶了扶鼻梁上的眼鏡兒，仔細端詳著，口中念念有詞，「螺絲上得很緊，位置嘛……」「位

置怎麼樣了？」她顯得很急切想知道結果，我慢條斯理地說，「位置好像有點不對。」「哪裡不對了嘛？」「我們一起對照組裝圖來確認一下好嗎？」「好！」女兒肯定地喊道。我們兩個人把腦袋一起湊在臺燈下，一點兒一點兒做著比對，螺絲的位置好像是對的，長足和短足連接應該是有夾角的，但女兒裝成了一個方向，問題找到了！女兒的興奮勁兒卻像一陣風來得越快去得越快，消失得無影無蹤，「機器人不好玩，爸爸你裝吧！」這時正好妻子喊她上床睡覺，她一蹦一跳地進了臥室，還不忘給我布置任務，伸出小腦袋對我喊：「爸爸，你一定要幫我裝好啊！」然後一跳溜就跳上床，拉下被子，佯裝睡覺，沒一會兒，均勻的呼吸就響起來了。看她可愛的樣子，我知道她是在裝睡，也就沒有揭穿她的「小把戲」，幫她掖了一下被腳，一個人又坐回到臺燈前。

我再次端詳著零部件，又看了看組裝圖，掃了一眼牆上的掛鐘，今晚可能要熬夜了，並不是我不擅動手，是因為有些小螺絲對於我高度近視的眼睛來說，實在是一種考驗，用手指捏著小螺絲，因為拿捏不穩不斷掉落下來，在一次次撿拾中我漸漸失去了耐心，想放棄，腦中浮現出女兒的笑臉和她在小朋友面前的「炫耀」：我爸爸最棒了，沒有什麼可以難得倒他……我揉揉惺忪的眼睛，打了個大大的哈欠，伸伸懶腰，又開始組裝起來。說實話，「六足機器人」的組裝對於一年級的孩子來說略顯複雜了，不僅部件多，而且要考慮動力和摩擦力。根據比賽要求，看誰的機器人走得直還要遠，考慮到比賽場地的差異，組裝完成後的調試就顯得尤為重要。距離12點還有大約一刻鐘的時間，我總算大功告成，我想找幾節干電池來試一下，卻只找到兩節充電電池，充電器也沒了蹤影。也罷，只有等明天再檢測調試了。

第二天早上，女兒一起床就問：「爸爸，機器人裝好了嗎？

第一章 學校的那些事兒

讓我看一看能不能走？」我把機器人拿出來，女兒看著機器人的怪模樣兒，「這就是機器人啊，好醜啊，一點都不漂亮！爸爸，你裝上電池，我看它能不能動起來？」「家裡沒有電池，下午放學我們一起買，買來再測試好不好？」我和女兒交換著意見，「那好吧！」女兒有點遺憾地說。

電池一買回來，女兒就迫不及待地把機器人放在地上，安上電池，撥動開關，伴著電機的「嗡嗡」聲，機器人開始在原地打轉，女兒竟嚇了一跳，連續後退了兩步。「爸爸，它怎麼不向前走呢？」「我們來找一找原因」我俯下身去，把機器人拿起來，仔細查找問題，原來是腳部的螺絲上得太緊了，我用手把幾個螺絲全部松了幾圈，拿起機器人懸在空中，啟動開關，機器人的腿伸縮了起來，「這次應該能行」我對女兒說，其實自己心裡也不確定。當我把機器人放在地板上，因為摩擦力的緣故，機器人向前沒走幾步就趴在那兒不動了，電機開始空轉。「爸爸，它怎麼不動了呢？」「是因為地板的緣故，我們換個地方。」我把機器人放在桌子上，機器人走得速度快了許多，距離也有60~70厘米了，「成功了！」女兒像撿到了天上掉的餡餅，高興地跳起來。可好景不長，沒一會兒有幾個螺絲脫落了，機器人又窩在桌子上動彈不得。「這明顯有設計缺陷，怎麼不用鉚釘呢？」我有些憤憤不平，「爸爸，我們想想辦法吧！看用什麼東西能把螺絲黏住？」「黏住？這是金屬的，用特種膠水，就無法拆卸了。」我不無疑惑地看著女兒，她卻自顧自地說：「可以用膠布啊，透明膠應該可以。」她邊說便去美術袋裡翻找著透明膠帶，「透明膠不行，黏性不夠，黏不住的！」我想制止她。「試一試，才知道！萬一可以呢？」女兒很堅持自己的判斷，她又找出來剪刀，刀尖向自己，刀把向我遞給我，這是妻子反覆提醒她的安全小常識，把安全留給別人的結果恰恰是把安全留給自己，這和手術過程中器械護士的做法是一致的。我接過剪刀，剪了

019

一小截兒膠布，貼在螺絲帽上，努力使膠布和螺絲之間沒有縫隙，這樣才黏得牢靠。許是材料的緣故，我怎麼捏都無法做到，也想把螺帽旋在透明膠布上，因為接觸面有限咬合不嚴，也沒有成功。女兒這個時候卻安靜了下來，認真地觀察著我的一舉一動，連大氣都不敢出，害怕打擾我。「我說不行吧！算了，讓我安靜一會兒，想想辦法。」「用雙面膠呢？」女兒冒出新的主意。「雙面膠？」我不置可否，我沒有打擊女兒的積極性，而是和她一起找雙面膠，一邊找雙面膠一邊問女兒，「寶貝兒，我不確定雙面膠能黏得住，萬一還是不行呢？我們要不要就此放棄？」「不試驗怎麼知道不行呢？」女兒又一次打斷我的話，她的想法簡單直接——做過了才真正明白！是啊，在沒有試驗之前，誰也不武斷地對結果進行判定，試一試的想法難能可貴，它不屈服於權威，特立獨行。有許多行為在「權威者」眼中可能是離經叛道，可就是因為試一試，人類從蒙昧走向開化，從黑暗尋找到光明！「爸爸，找到了！」女兒的聲音把我的思緒拉回到現實，看來今天不解決螺絲松脫的問題，女兒肯定不會「善罷甘休」的！我把雙面膠剪成小方塊兒，揭去貼紙，用拇指和食指捏住膠紙，圍繞著螺絲裸露的部分，把它和螺帽緊緊地包裹在一起，「成功了！」我把女兒拉在身邊，演示給她看，「爸爸，讓我來，好嗎？」「好啊！很好玩的！黏黏的感覺，就像團小紙團兒！」女兒用右手食指慢慢地粘起一塊小膠紙，按在螺絲上，用大拇指配合食指把膠紙卷成一個圈、一端和螺帽貼合，一端和螺絲貼合，幾秒鐘的功夫就完成了一個，「爸爸，你看一下，行不行呢？」「好，我來檢查一下，不錯！合格！」接下來，我只剩下旁觀的份兒了，她又做了幾個，還剩下兩個的時候，嘟囔著小嘴對我說：「爸爸，剩下的你完成，我休息一下。」「你呀！又想偷懶，做事情要有頭有尾，善事始終。」我嗔怪道。「你先做的，你來收尾，不是有頭有尾嗎？」女兒反唇相譏，「有道理，

第一章 學校的那些事兒

我來收尾!」

經過一番調試,機器人也「學會」了走直線,可是新的問題又出來了,馬力又跟不上了,摩擦力稍微大一點兒,電機就抗議要鬧罷工,加上六只腳與地面的結合面積小,受力不均,遇到複雜路況,重心偏移。因此我對組裝的機器人能否參加比賽以及在比賽中取得什麼樣的成績,並沒有奢望,重在參與吧!

距離比賽還有幾天,女兒表現得異乎尋常的「淡定」,我提醒她把「六足機器人」帶到學校,她不慌不忙地把機器人裝進塑料袋,然後塞進書包裡。她和平時一樣,對於比賽說不上「興奮」,也許隨著組裝的完成,機器人對於她來說只是一個不太漂亮的玩具,吸引力有限,難以讓她長時間為之著迷;也許她曾經拿出來和小夥伴比拼過,結果差強人意,讓她對校級的比賽少了許多期待;也許她還沉浸在幼兒園「小牛頓科學實驗班」的愉快氛圍中,儘管她不止一次對我說喜歡上小學,可我能感覺到對於六足機器人的駕馭,她覺得索然無味。對於孩子來說,過程比結果更讓他們刻骨銘心,我們何必糾結於一城一地的得失呢?

果真,比賽那天,我們組裝的機器人她碰巧忘帶了,下午的比賽她徹底「解脫」了。因為沒有帶機器人,她就是想參賽也沒有硬件,我還不能責怪她,書包是她自己收拾的,參不參賽也應該由她自己決定,而不是我一味地把自己的想法加諸到女兒的身上,更不需要費盡口舌去說服她採取什麼樣的行動;因為沒有帶,她就可以精神放鬆,不關心比賽是否與自己存在關係,可以東瞧瞧、西看看,閒庭信步,輕鬆而愜意。比賽結束,她未向我提及有關比賽的任何細節,在她看來比賽已經結束了,有更精彩的活動等著她去參與,至於機器人比賽的點點滴滴,她早拋之腦後了。

等到成績公布的時候,所有參賽的同學都獲了獎,作為省

級的一項獎勵，女兒並不關心它代表著什麼樣的價值和意義，她羨慕的只是小朋友拿著獎狀拍照的精彩瞬間，看到小夥伴們燦爛的微笑，或許她會想起如果自己參賽，也一定能獲得不錯的名次。在鏡頭面前，女兒通常是羞澀的，總有那麼一點點拘謹，以至於不熟識的人認為她「內向」，一旦對新環境適應之後，她就不再膽怯，很快與周圍的人打成一片。我側面問她六足機器人的比賽結果，女兒佯裝不知，畢竟是過去的事情了，我和妻子也沒有繼續追問下去，給孩子留下一個思考的空間之於我和妻子彌足珍貴。

「養兵千日，用兵一時」。對於獲獎的同學，我要致以熱烈的祝賀，他們自始至終體驗了競賽活動，為班級贏得了榮譽。更要感謝老師的良苦用心，相比少數同學的「一等獎」，大部分參賽同學的「三等獎」讓我看到比活動本身更深遠的意義。就是因為這份鼓勵，在孩子的心中播下希望的種子，讓他們在科學求知的道路上勇攀高峰；就是因為這份鼓勵，我們發現了蘊藏在孩子身上的巨大潛能，他們在活動中發揮了自己的優勢；就是因為這份鼓勵，老師把競爭與合作的意識灌輸給學生，一花獨秀不是春，要競爭更要合作，榮譽屬於班級！

第五節　快樂思維節

從感性思維到理性思維的飛躍，不僅要求我們熟練掌握思維工具，更重要的是要學習並靈活運用思維規律，這樣才不會形成落後、僵化的思維模式，從而制約人的可持續發展。

女兒就讀的學校有一項特色校園活動——「快樂思維節」，

第一章 學校的那些事兒

屈指算來今年已經舉辦第十一屆了。我一直很想找機會近距離瞭解一所小學是如何開展思維訓練的？要兼顧到一到六年級的大多數學生，活動本身就是一項挑戰。

提起「思維」這兩個字，抽象且複雜，我們很難用形象化的語言去描述它。它看不見摸不著，讓人感覺無從下手，但卻時時處處事事影響著我們的生活、工作和學習。至於「快樂思維」更是我們夢寐以求希望得到的珍貴禮物，有了快樂思維，學習有趣，工作簡單，生活幸福！

我想大家都嘗試過「九點連線」這個思維游戲，用四條不中斷的線段把九個點連起來（每排3個點，共九個點），要完成這個任務，就要打破固有的思維框架，運用延長線的方法，在九點之外尋找突破。如果用三條線，需要正確理解相切和相交的幾何概念。如果用一條線，大多數人的思維是把線條變寬到足夠遮蓋九個點，就可以實現一線連九點。我與大學生朋友深入研討過這個問題，我們做這樣的假設，把九個點畫在一張紙上，讓紙片繞軸做高速旋轉，所劃過的痕跡，俯視的話不就是一條線？從感性思維到理性思維的飛躍，不僅要求我們熟練掌握思維工具，更重要的是要學習並靈活運用思維規律，這樣才不會形成落後、僵化的思維模式，從而制約人的可持續發展。

「快樂思維節」上有兩個超級明星，一個叫「思思」，一個叫「維維」，看上去模樣和個頭都差不多，只是發型有點區別，一個是英語字母「S」，一個是英語字母「W」，他們倆形影不離，給小朋友們答疑解惑，把「快樂、智慧、成功」傳遞給同學們。孩子們可以從「慧眼」中發現世界的奇妙，也可以從「樂思亭」中體驗思考的樂趣，浸潤在思維和智慧的環境之中，形成勤學善思的良好習慣。

快樂思維節裡的活動真不少，女兒參加的是「快樂思維衝關王」活動，活動規則即每通過一道關卡，就會被獎勵一頂有

顏色的帽子,最後根據每個班級獲得帽子的多少來判定名次。第一次參加快樂思維節,對女兒來說就像劉姥姥進大觀園,除了「思思」「維維」憨態可掬的身體,她很難用「精彩」的語言全景描述快樂思維節發生的故事,對於某個細節卻給予充分關注。比如老師給她發了一頂白色的帽子,至於發帽子的原因她也不明就裡。

　　對於這類活動,女兒顯得不是很積極,她更熱衷於做創意手工。每次家裡包餃子的時候,她都會做出各種形狀的餃子來,有的像小豬,有的像蘑菇,有的像荷包,邊做餃子邊點評我的「作品」:「爸爸,你包的餃子太沒有創意了,形狀都差不多,哪像我做的這麼有意思呀?」我鼓勵她天馬行空的創作,「爸爸給你的餃子起個名字吧,叫『創意餃子』如何?」「好啊、好啊!就叫『創意餃子』!」我接著說:「你沒有發現你做的餃子形狀都不一樣嗎?觀察一下,他們什麼是一樣的?」女兒放下手中的面皮兒,把做好的餃子拿起來,捧在手中,「它們都是用麵粉做成的,還有就是裡面包的餡兒是一樣的!」「你想想裡面還可以包什麼餡呢?」「還可以包糖果、包水果,包⋯⋯」她不自覺用起了一般性頭腦風暴,「說得很好,你還要考慮煮餃子的時間,要不有的熟了,有的沒熟,你叫大家怎麼吃呢?」「分開煮不就可以了嗎?」我摸了摸她的後腦勺,「爸爸怎麼沒有想到啊!」我們一起哈哈笑了起來。

　　說話間,思維碰碰車啟動了,三四年級的同學要來比拼「和你不一樣」的故事創意。他們被要求用「特別、巧克力、百年、激動、藍天、三葉草」等詞語創編故事,要求有序完整、生動有趣、充滿想像,關鍵是每個同學的故事還要「和你不一樣」,在故事中都用上相同的詞語,但是每個同學的故事情節和設計還要有自己的特點,這可有點考腦袋啦!

　　我把六個詞語按照詞性歸了一下類,有名詞、動詞還有形

容詞。大家對於造句一定不陌生，一般情況下我們造的句式以陳述句居多，絞盡腦汁就為了造一個「不同凡響」的句子，卻很少去思考造句的目的是什麼。這從某種程度上造成的是溝通與互動的缺失，起初在臺下還可以流利表達，上了臺會緊張。因為沒有改變溝通的方式，詞不達意的情形出現得多了，人便木訥起來，越發沒有自信。

如果增加難度，可以嘗試造「一般疑問句」，再複雜的話就是「複雜疑問句」，隨著詞語數量的增加，難度也會增加，到了四個詞語以後，不僅限定主題還要限制角色，在循序漸進中孩子的表達能力就會得到提高，加強訓練是重要環節。

創意故事，考察的就是孩子們的表達能力和想像力，我不知道女兒上了三四年級面對多詞造句會不會應對自如。她比較喜歡成語，每當老師要求用書上的生字組詞她就盡可能用四字詞語，然後選擇一個四字成語造句，碰到一些不常用的成語，我和妻子都要思量半天才能作答，女兒卻樂在其中。

據說五六年級的學生思路開闊，已經探索用「六頂思考帽」分析問題了。六頂思考帽是一種全面思考問題的水平思維工具，每一種顏色代表一種思維方向。白色代表收集基本信息，紅色代表感情情緒，黑色代表冷靜與風險，黃色代表陽光與希望，綠色代表創新，藍色代表反思控制。「1+N」思考方式中的「1」是白色思考帽，N 是選擇其他 5 頂思考帽的一種或幾種從不同角度進行分析。同學們精心選擇了「傳統習俗——壓歲錢」「微課（視頻）與我們的學習」「生活走向 WIFI 的世界」「高（中）考制度改革」「童年的現實與期待」「對『星』時代的冷靜思考」「課前 3 分鐘」「中國式過馬路」等八個問題，從以上話題不難看出，具有「思維性」也具有「時事性」，我讚嘆學校老師的獨具匠心，學生們不再「兩耳不聞窗外事，一心只讀聖賢書」，相反卻在與時俱進中擁有「家事國事天下事，事事關心」

的理想情懷，完成了從思維到思想的昇華。

我們常常試圖從中西方教育的比較中，為 21 世紀的教育改革指點迷津。當只能從媒體的報導去管窺西方教育的創新思維，我們除了批判現有教育模式的弊端外，剩下的好像只有羨慕嫉妒恨了，對於問題的解決鮮有良方。試想全球化教育本來就是在融合中分化，在分化中融合的，擱置爭議，積極去實踐，就教育的本質而言，本身就沒有國別之分，在思維訓練的道路上，缺乏的是勇於改變的行動！

第六節　親子閱讀創意賽

> 我聽到了她發自內心深處的讚美：這讚美不需要鮮花和掌聲的襯托，就讓我心潮澎湃；這讚美不需要繁文縟節，就讓我神往陶醉；這讚美不需要矯揉造作，就點燃了女兒表達的衝動，在自我生活的世界中自由地體驗、發現，說說爸爸或媽媽的特點，描繪心中的美好事物。

週五接女兒放學的時候，她手上多了一個拉桿書包，我問她從哪裡來的？她指了指書包上的不干膠，上面有「閱讀書包」四個字，「這是我們學校發的閱讀書包，要在咱們家待上一週呢？老師說讓爸爸、媽媽帶著我一起讀裡面的書，還要錄音和做筆記呢？」看著我詫異的神情，女兒像爆豆一樣和盤托出。「是嗎？你是想爸爸陪你讀還是想媽媽陪你讀呢？」「都要陪我讀！」女兒撅起小嘴，回答得乾脆利落。

書包裡一共有三本繪本書：《敵人派》《蚯蚓的日記》和《我爸爸》。女兒一回到家，就像呵護心愛的寶貝一樣把書抱在

第一章 學校的那些事兒

懷裡，捨不得讓我看一眼。我假裝生氣：「寶貝兒，你不讓我看，我怎麼陪你讀啊？遇到你不認識的字，我還可以幫你啊？」女兒把其中的一本書遞給我，我還沒有來得及拿到手中，她就撤了回去，「給你看可以，不過你要好好愛惜，不許弄髒，要好好愛惜書本……」她在我面前當起了小老師。「好，我這就去洗手，然後戴上手套行不行？」「手一定要洗乾淨，我要檢查的！」「沒問題，你要和我一起洗才行。要不不就成了你要求我做的自己反而做不到？」「好吧！」女兒沒想到我會這麼提議，只好跟在我後面去洗手。洗完手，她一屁股坐在我的腿上，要我給她讀書。儘管她已經認識一些字了，但是繪本上的字依舊認不全，讀著就會不自覺地跳字或者漏字，認識的字讀得聲音大一些，不認識的字兒就試圖蒙混過關。「別著急，慢慢讀，稍等一下，這個字念什麼來著？」她正了正身體，「我不認識。」「這個念×，不念×，你讀音中少了一個g，是舌後音，記住了嗎？」或許是不熟練的緣故，再次讀的時候，她還是咬不準字音。

三本書中，女兒最喜歡的是安東尼・布朗創作的《我爸爸》，作者用陽光一樣溫暖的色調，輕鬆快樂地表達、描繪了爸爸可愛、幽默的特點，渲染出親子之間濃濃的愛意。當她用稚嫩的童聲一邊做介紹的手勢一邊念：「這是我爸爸，他真的很棒！」聽得我心裡美滋滋的，連妻子在一旁也搭腔道：「爸爸真的很棒，那媽媽呢？」女兒聽出來妻子話語中的「小嫉妒」，「媽媽更——棒！」她故意把「更」字拖長音，隨著氣息的調整，在換氣的時候用「棒」字收聲，戛然而止，把妻子逗樂了。

女兒就是這樣，高興的時候常常給家裡帶來意想不到的「驚喜」，那個時候你不能把她當成孩子，而是家裡不可或缺的重要人物。有一次，外公和外婆因為一點小事情爭吵起來，外公說了外婆幾句，女兒靜靜地坐在餐桌上聽著外公外婆的對話，等知道了事情的來龍去脈，突然對外公說：「阿公，阿婆又沒有

做錯什麼，您那樣說她，對嗎？」頗有點「伸張正義」的意味，問得外公一愣一愣的，竟不知道用什麼樣的話應對她，外婆聽了她的話，感動了好一陣子，每次念叨起這件事，就感慨「不枉照顧她這麼多年，小小年紀懂得知恩圖報。」

之前在某教育集團工作的時候，我一直想做一本雜誌，可以讓父母和孩子一起讀的心靈讀本。爸爸媽媽在忙碌了一天之後，在入睡前可以把孩子抱在腿上或者擁入懷中，一起翻看，邊讀邊思考，親子間借助雜誌有了共同話題，有了聆聽與傾訴，可以消除隔膜，建立良性溝通與高效互動，對孩子的心靈成長是大有助益的。

與東方人含蓄深沉的表達不同，西方人的表達簡單、直接，表達方式的不同並不妨礙我們從繪本中汲取營養，你不需要挖空心思追求採用什麼句式表達，也不需要你提示畫什麼圖畫，你只需要傾聽孩子情感土壤裡開出的花朵，就會產生「情動辭發」「言為心聲」的強烈共鳴，這不正是我苦苦尋覓的親子心靈讀本嗎？

按照老師的要求，除了閱讀之外，孩子還要「二次創作」，可以拿出畫筆畫一幅爸爸的漫畫或者書中印象最深刻的情節，也可以寫出來自己想說的話。女兒根據《我爸爸》的表達句式，一邊說一邊寫，遇到生字不時地停下來問媽媽怎麼寫，在方格本上歪歪扭扭地完成了她出生以來的第一篇短文：

這是我爸爸，他真的很棒！

我爸爸什麼都不怕，他可以做家務，還可以騎自行車帶我上學；他可以教我做作業，還可以陪我讀書。

我愛他，而且你知道嗎？他也愛我！永遠愛我！

當女兒用略顯誇張的語調在我面前讀自己的作文時，我聽到了她發自內心深處的讚美：這讚美不需要鮮花和掌聲的襯托，就讓我心潮澎湃；這讚美不需要繁文縟節，就讓我神往陶醉；

第一章 學校的那些事兒

這讚美不需要矯揉造作，就點燃了女兒表達的衝動，在自我生活的世界中自由地體驗、發現，說說爸爸或媽媽的特點，描繪心中的美好事物。

繪本，不僅有生動的圖畫，有趣的文字，而且在孩子小小的世界裡放飛大大的夢想，猶如從地心深處滾動而來的足音，深深牽動著孩子們的好奇心，在繽紛的色彩中孩子用自己的視角觀察著充滿生機和活力的生活，無限創意像潺潺溪流靜靜流淌……

「閱讀書包」在我們家逗留了一個星期，那段日子是我和女兒最難得的快樂時光，我把她抱在懷裡，在臺燈下你一句我一句堵著繪本，時而停下來認讀生字，時而停下來講故事背後的故事，每天二十分鐘，簡單而浪漫。

一週的時間就這樣從指尖溜走，眼看著「閱讀書包」就要流轉到其他小朋友家裡去了，我和女兒竟有點戀戀不捨，女兒看著書包，輕輕嘆了一口氣：「你什麼時候才能回來呢？」好像在向自己親密的小夥伴訴說無盡的思念。「很快的，下學期它一定會回來！」我安慰著女兒。家裡其實不缺少繪本，缺少的是親子一起閱讀，與其說女兒是留戀書包，不如說是留戀和我一起閱讀的溫馨時刻。「寶貝兒，放心吧，在它不在我們家的日子裡，我們一起讀《神奇校車》，等它回來，好不好！」「好！我們一起讀，好不好？」好在女兒沒有過久沉浸在「失去」的不快中。

新學期，班主任在家長群上張貼了一份通知，學校要組織一年級的學生和家長參加「親子閱讀創意比賽」。我徵求女兒的意見，她這次答應得比較爽快，原來她和好朋友相約一起參加比賽。因為參賽名額的限制，我們屬於「特邀家庭」，女兒也搞不清楚「參賽家庭」與「特邀家庭」的區別，只是在現場點名的時候，她才發現有點異樣兒，不過很快就被比賽所吸引，沒

有時間去「打破砂鍋問到底」罷了。乘著比賽的間隙，她高興地在場下跑來跑去，已經忘了這是比賽，享受這久違的快樂時光。

　　為了在賽場上有精彩的演出，週末的整個上午，我都在和女兒一起排練。從幻燈片製作到音樂的選擇、動作的設計和舞臺的站位，我們熱烈地討論著，她不時突發奇想，自己要進行創意動作設計。起先翻頁器在她手上，我背對著電腦屏幕，按照她的指令完成著「程序化動作」，中間因銜接不夠緊密而冷場，我傻傻地站在原地一臉茫然。女兒看到我的「怪」模樣，禁不住笑起來，我佯裝生氣，拿腔拿調地說：「接下來是什麼指令，快告訴我，不然我要把你當成我豐盛的午餐，你可要小心點兒。」我故意發出怪叫，她笑得更誇張了，捂著肚子，彎著腰，蹲在地上，動作滑稽極了，我和妻子也跟著笑了起來。

　　我幫女兒分析為什麼出現冷場的原因，主要是對於要展演的內容不熟悉。按照賽制的要求，我們需要把五分鐘的時間分成三個片段：表演誦讀、故事創編和讀書故事，超時將被「叫停」。要在五分鐘內把三個內容完整呈現，賽前的反覆演練是必不可少的。女兒逐漸進入狀態，不再拘泥於念文字，開始添加動作，加上活靈活現的神態和表情，對於周二下午的正式表演我們充滿了期待。

　　小小的教室裡人聲鼎沸，各項安排顯得緊張而有序，採用為其他班家庭「點讚」的方式，根據集「讚」數量的多少，角逐「最佳創意獎」「最佳表現獎」「最佳和諧獎」等獎項，每個班精心挑選了5名學生充任大眾評委，他們將根據13組家庭的表現評選出「最具人氣獎」。當組織者把大拇指貼紙發到女兒手上，她的問題就像連珠炮一下子湧出來，「爸爸，為什麼大拇指有三種顏色啊？」「它用來幹什麼的呢？」「我可不可以只給我們班的小朋友點讚呢？」「是不是每個家庭都要貼呢？」我應接不

第一章 學校的那些事兒

暇，按照我的理解解釋道：「三種顏色應該分別代表三種評價，根據比賽規則，你只能給其他班級的小朋友點讚的，這叫迴避原則，你可以自由選擇貼還是不貼的。」來不及細說，主持人開始宣布抽籤順序，我們是第七個出場，當主持人念到她的名字時，她愣了一下，顯得局促不安，迅速地躲到我的身後，怯生生地看著主持人，顯然她不願意瞬間成為眾人矚目的焦點。說她膽小吧，有時她可以「肆無忌憚」地跳上跳下，說她膽大吧，她的表現又很拘謹，與前者判若兩人。漸漸地，我發現只要是她感興趣的事，她的表現就出乎我和妻子的預料，如果她沒有多大興趣的事，她的排斥情緒就表現得十分明顯。

一次，她去參加妻子同事的婚禮，被邀做「花童」，終於可以穿白色紗裙了，她興奮得無以復加，早早地穿上白紗裙在屋子裡走「臺步」煞有介事告訴我：「爸爸，花童要長得很漂亮哦，不是誰都可以做的！」自信滿滿，得意的神情溢於言表。

伴隨著此起彼伏的笑聲、掌聲，輪到我和女兒登臺了，我拉著她的手站在舞臺中央，我清了清嗓子：「大家好！我們是××家庭，今天我們用雙簧表演《我爸爸》，雙簧也就是一個人在前面演，一個人在後面說，按照我們的設計，我在前面演，××在後面說，請欣賞雙簧《我爸爸》！」說完我把話筒遞給她，自己手上只拿著翻頁器。女兒很自覺得退到我的側後方，根據幻燈片上的提示念起來：「我爸爸，真的很棒……」我一邊比畫著動作，思考著如何讓表情顯得滑稽一些，一邊還要側身去看幻燈片上的文字內容，乘著轉身的空兒，用翻頁器翻頁好使整個表演銜接有序，不一會兒就大汗淋漓。看著我上躥下跳的「搞笑」動作，女兒忘記了自己在做表演，和臺下的小朋友一起笑得前仰後合，讓我有點兒不知所措。不過很快我便恢復了平靜，微微側下頭，用眼的餘光提醒她「淡定，淡定」。她享受著這久違的快樂時光，依舊對我不管不顧，瞅著她竭力不使自己笑得誇

張的樣子，我怎麼好繼續責備她呢？我迅速調整了表演的節奏，增加了一些定格的工作，好給她留下緩衝時間。女兒也意識到這是表演，收斂了笑聲，按照提示繼續讀下去，謝天謝地，第一部分的表演還算完整。

第二部分我期待著女兒的創意表演，在家裡排練時，她有幾個動作可是很「萌」的喲！沒承想輪到她做動作了，她全然忘記了之前的排練內容，還是和第一部分一樣，只管讀著自己創作的《我爸爸》，幸虧主要內容沒有重複，我跟跟蹌蹌地完成了表演，效果不錯。第三部分的讀書方法分享，我感覺口干舌燥，上氣不接下氣，那感覺怪怪的，不是上臺緊張的感覺，倒好像體力透支帶來的應激反應。五分鐘的時間短暫而漫長，終於結束了！我長出了一口氣，如釋重負！

接下來是激動人心的投票環節，女兒跑上臺，高舉著貼紙，兩輪投票下來，我們收穫了 15 枚「大拇指」，根據獎項設置，榮獲「最佳表現獎」和「最具人氣獎」兩項獎項！女兒興奮得跳進我的懷抱，「爸爸，你看！我得了兩張獎狀！」

第二章　靜聽花開

春播、夏種、秋收、冬藏，在四季的輪替中，種子從發芽、開花、受粉、結果完成了一次生命蛻變，接著走進下一個循環。許是忙碌已然習慣的緣故，我們已很難感受「零落成泥碾作塵，只有香如故」的恬淡，在夢裡傾聽夏花的竊竊私語。

第一節　書包裡的秘密

孩子成長的過程中，有彩虹也有風雨，不經歷風雨怎麼見彩虹，父母經歷過的不等於孩子也經歷過，當孩子犯錯的時候，我們不僅要批評，而且要理解，這就是成長的「煩惱」。

當我翻開第一次家長會的記錄本，看到關於文具準備的要求，一字不漏地向女兒重複著班主任的話：準備5支削好的鉛筆、一塊橡皮、一把尺子、一個筆袋，孩子要背書包上學，特別強調不帶卷筆刀，不用文具盒，不使用拉杆書包。女兒看了我一眼：「爸爸，為什麼不讓帶卷筆刀和文具盒呀！」「老師說了，鉛筆在家削好帶到學校，就不需要卷筆刀了，在學校卷鉛

筆，弄得教室臟兮兮的，很不好打掃啊！」我故意把「臟兮兮」三個字咬得很重，以引起女兒的注意。在她的記憶中，「臟臟」和「皮皮」是兩個壞孩子，他們不愛乾淨，每次當她在地上爬來爬去或者不想洗手的時候，我就會問女兒：「寶貝兒，你想做臟臟嗎？」「我才不要呢？」「那你該怎麼做啊？」她就會一骨碌兒爬起來或者趕緊跑到衛生間去洗手，還吵嚷著讓我檢查洗乾淨沒有呢？她似乎聽進去了，接著問：「那為什麼不準帶文具盒呢？」當時班主任在說的時候，我也很納悶，怎麼就不讓帶文具盒？班主任做的說明是營造安靜的學習氣氛。我嘗試著用女兒可以理解的語言向她解釋：「文具盒一般都是鐵或者塑料做的，在開和關的時候會發出聲音，如果掉在地上，你想會怎麼樣呢？」「會影響到其他同學。」女兒不假思索地回答。「所以，用筆袋就比用文具盒發出的聲音小多了。」女兒點點頭。至於拉杆書包，女兒沒什麼概念，幼兒園她就是背著小書包上學的，也就沒有問為什麼不使用拉杆書包，我想一方面是占空間，不容易擺放，另外就是發出來的噪聲會干擾孩子們的注意力。

　　背書包上學，在我兒時的記憶裡，是一件很光榮的事情。每天天剛蒙蒙亮，小夥伴們你叫上我，我叫上你，村子裡一下子就熱鬧起來，敲門聲、問答聲、招呼聲、笑聲交織在一起，成為清晨一道青春的風景線。大家相邀一起上學去，背的書包也是五花八門，多半是媽媽縫制的，這時候就可以比較出來誰家的媽媽比較心靈手巧，書包一時間竟然成了村子裡茶餘飯後的話題，尤其在開學的一週前後。那時候如果誰能背上解放軍叔叔的黃挎包，簡直像明星一樣，小夥伴們一準兒簇擁著你，在你的身前或身後打著轉兒，眼睛一刻也不會離開你的黃挎包，那羨慕的勁頭兒，讓你感覺自信十足，得意揚揚。

　　女兒背的書包是朋友送的，顏色屬於她不喜歡的棕色。家裡原來有一個粉色的書包，是買點讀機時送的，她背在身上，

第二章 靜聽花開

顯得身材小小的，像小烏龜背了一個大大的殼兒，看上去很滑稽。女兒無可奈何地答應先背棕色書包上學，等她長高了，再用粉色書包。在孩子的眼裡，色彩是會說話的，女兒畫畫喜歡用五彩斑斕的顏色，對鮮豔的暖色調她情有獨鐘。當她在紙上隨意鋪陳開來她喜歡的顏色，專注的神情告訴你她在完成一件偉大的作品，我只能默默地在一旁註視著她，不忍打擾。

晚上做完作業後，女兒邊讀第二天的課程表邊收拾課本，按照順序把課本裝進書包，不需要我和妻子幫忙，我只是偶爾看一下她有無遺漏。女兒對準備學具是很上心的，一個學期基本上沒有丟三落四的記錄，她對於自己的東西「看」得很緊，生怕被別人拿走，所以有點小女生的「摳門兒」。但對待好朋友她卻是慷慨的，熱衷於「好東西與好朋友分享」，大手大腳起來讓你覺得她判若兩人。

放學時，她怯怯地對我說：「爸爸，你看這是什麼？」我把自行車停住，扭頭看了一眼，「噢，橡皮，很漂亮的橡皮！」「爸爸，你喜歡嗎？」「喜歡」「我也喜歡！」女兒沉浸在擁有漂亮橡皮的滿足感中，我不無好奇地問：「橡皮，哪來的？」「你猜？」很顯然，女兒已經把橡皮當成自己的一個小秘密了。「你表現好，老師獎勵你的。」「不對，你再猜。」「同學送給您的禮物？」「今天沒有同學過生日。」「媽媽給你買的？」我開始用排除法，越問越感覺丈二和尚摸不著頭腦。「我撿的。」「撿的？你有沒有問是哪個同學不小心丟的？」「沒有，我下課時撿的，就放在書包裡了。」「不是你的，要交給老師。」「是我撿的，就是我的，為什麼要交給老師啊？」女兒對橡皮有了戀戀不捨的情感，「撿的說明不是你的，要交給老師或者放在講臺上，這樣做才對。丟橡皮的同學回家發現自己的橡皮不見了，他的爸爸媽媽問起來，他會不會很著急？如果你的東西丟了，撿的人不還給你，你是不是也會很著急？」我試圖用道理說服她，她似懂非懂，沒

有說話，自己在琢磨著怎麼應對我。「可這是我撿到的。」女兒欲言又止，「你撿到的就是你的嗎？」我的語調變得嚴肅起來，「爸爸告訴你寶貝兒，東西是你的，你可以用，不是你的，就不可以用，這是原則，否則和偷有什麼分別。」女兒聽到這個話，變得局促不安起來，「爸爸，我該怎麼做啊？」「明天早上，你就把橡皮交給老師或者放到講臺上，我和媽媽就會原諒你。」女兒聽到我的話，常常出了口氣，拍了拍我的背，「我把橡皮交回去，你幫我買一塊一樣的橡皮好不好？」「你不是有橡皮嗎？用完了我肯定會給你買的！」「可我現在想要，這塊橡皮用完了，下次就不用買了，你說好不好嗎？」女兒的小聰明開始發揮作用。「好，可以買。前提是你必須把橡皮還了再說，還有就是你媽媽要同意買才可以。」「好吧！」

　　第二天放學我追問她，「橡皮還了沒有？」她輕輕點了點頭，興奮點好像已經發生了轉移，「爸爸，好討厭啊，今天我的筆袋裡多了一支鉛筆，我也不知道她怎麼來的。」「我來猜一猜，鉛筆自己長了腳，它好想來你的筆袋裡啊，就溜溜達達自己跑進來了，是這樣嗎？」女兒不置可否，我接著說：「那就奇怪了，你的鉛筆怎麼沒有長上腳，跑到別人的筆袋裡去呢？這樣才說得通啊！」女兒發現她的小伎倆失效了，開始耍無賴，「爸爸，鉛筆真的不是我撿的，是它自己跑進來的。」「那就是其他同學不小心，放錯了！」「是吧？」女兒也不敢確定，「你告訴爸爸該怎麼做？」「交給老師，放在講臺上。」「說得對，說到更要做到啊！」女兒的書包裡隔三岔五像變戲法似的總是多出來一兩樣文具，她想方設法想「據為己有」，我始終堅持必須上繳，幾番鬥智鬥勇下來，女兒的書包總算回復「平靜」。

　　安靜沒幾天，女兒偷偷在書包裡放了一個絨布玩偶，並且在上課的時候忍不住拿出來玩，被班主任發現給沒收了。那一週，女兒顯得惴惴不安，擔心班主任會告訴家長，擔心我們批

評她，擔心我們不給她買玩具，擔心⋯⋯班主任沒有通知我們，我們也沒有追問絨布玩偶的下落，直到老師把玩具還給她，她才對我說了實話。「爸爸，告訴你一件事，你不許告訴媽媽，這是你我之間的『秘密』。」「秘密？什麼秘密？說來聽聽，我看是什麼秘密？」「你答應不告訴媽媽，我才能告訴你。」她說起話來一本正經。「好，我答應你，不告訴媽媽。」「我的絨布玩具被老師沒收了，她又還給我了。」女兒拉開書包拉鏈，從夾層裡拿出來絨布玩偶遞到我手裡，不敢抬頭看我的眼睛，像犯了錯等著法官裁決的囚徒。「那你知道你錯在哪裡嗎？」「我不應該帶玩具到學校，更不該在上課的時候玩。」「還有呢？」「沒了。」「這是什麼時候發生的事情？」「有好多天了。」「怎麼現在才想到告訴我呢？」「我害怕你罵我。」「今天告訴我，就不怕我罵你了？」「老師把玩具還給我了，你還罵我？」女兒顯得有點委屈，「誠實值得表揚，知錯能改就是好孩子。問題是你認識到自己錯在哪裡了嗎？除了你說的，還有就是犯了錯沒有及時告訴我和媽媽，你覺得這樣做，對嗎？」我用女兒一貫的語調告訴她，「你還不讓我告訴媽媽，就更不對了。你說呢？」女兒沒有說話，她沒有想到我會這樣說，此時選擇沉默是最明智的選擇。我沒有不依不饒地追問下去，教育就是在潛移默化中讓孩子學會思考，學會面對周圍的人和事情的，做父母的不能剝奪孩子體驗的機會和權利。

　　許多家長在談到孩子犯錯的時候，頗有「罄竹難書」的意味，陳谷子爛芝麻的事情一併翻出來，劈頭蓋臉，恨不得用天底下「最解氣」的話宣洩自己的不滿，那勁頭感覺是在哭訴，自己如何省吃儉用，如何犧牲事業，如何嘔心瀝血，只為孩子，云云，只有孩子感覺犯錯是不可饒恕的，方才罷手。以至於孩子犯了小錯不願說，不敢說，到鑄成大錯，追悔莫及。我們教孩子的和自己的所作所為常常是割裂的，對待自己的孩子尚且

如此，家庭教育不出問題才怪。

孩子成長的過程中，有彩虹也有風雨，不經歷風雨怎麼見彩虹，父母經歷過的不等於孩子也經歷過，當孩子犯錯的時候，我們不僅要批評，而且要理解，這就是成長的「煩惱」。我曾經給家長講過一分鐘批評的藝術，也就是說批評的時間不要超過一分鐘，批評時只針對發生的事實，在還原事實的基礎上做出判斷，不要夾雜過多個人的情緒和評價，這樣批評才不會偏離航向。小小書包，承載著父母的期望，也承載著父母的包容。

第二節 一小時作業

對於習慣養成期的孩子而言，新習慣的建立過程是一個不斷簡單重複的過程，談不上有趣，他們在一次次小心翼翼抗拒中養成了之前從未有過的習慣，接著在面臨環境快速變化時，被動地適應著新習慣，逐漸習以為常，影響終身。

說起家庭作業，對於許多孩子來說，不僅是一件「苦」差事兒，而且讓很多年輕的父母「抓狂」。在購書中心的書架上，關於幫助孩子解決做作業馬虎、磨蹭問題的建議不少，可針對自己孩子的具體情況，還真讓年輕的家長無從下手。

回想女兒寫作業的經歷，我感覺一點兒也不輕鬆。入學伊始，班主任就要求家長每天督促家庭作業的完成，還要保持作業本乾淨，不亂塗亂畫。我琢磨著怎麼培養女兒寫作業的好習慣。要說經驗不是一點沒有，但說教訓更有一籮筐。

在我童年的記憶裡，父親為了訓練我做作業時抗干擾的能力，就專門買了臺收音機播放評書，還規定了回家第一件事情

第二章 靜聽花開

就是做作業,作業做完才可以吃飯。有幾次他還買了我愛吃的滷雞腿放在我面前「引誘」我,他可不管我是不是饑腸轆轆,作業沒有做完,一切免談。訓練的過程儘管「殘酷」,可讓我練就了快速集中精力的硬本領:一旦打開書本,很快就可以進入忘我狀態,注意力高度集中,學習效率也會比較高。於是乎,我想如法炮制,也想訓練女兒的抗干擾能力,這次我用了點讀機、Ipad,放女兒愛聽的故事和歌曲,吸引力和廣播比起來,簡直不可同日而語,心想效果一定絕佳。沒想到,女兒很快就被吸引住了,她的注意力全在 Ipad 上了,做作業的心思早拋到九霄雲外了。

要做好作業,首先是把作業的內容記完整。班主任比較有經驗,可以說煞費苦心,她每天把作業要求寫在黑板上,請孩子們記在自己的本子上,剛開始女兒寫的字歪歪扭扭,不過不影響她閱讀,為了避免孩子記漏或者記不準確,任課老師還要在家長群裡公布一次,以備家長比較、糾正。每天放學接女兒前,我都會在家長群瀏覽作業的信息,在路上,問一下女兒作業的具體內容。女兒好像不是很「感冒」:「我本子上記著呢!回家再給你看,不行嗎?」「你問我作業內容,就是怕我沒有記,是不是?」「煩死了,我都記了,你不要問了!」「今天我沒有記,不是電腦上可以看到嗎?」女兒大多數情況下,還是很認真地記著作業,偶爾也偷懶,不想記,這時候我就要佯裝生氣地告訴她:「記作業也是檢查你上課有沒有認真聽老師講,這也是作業的一部分,讓你明白今天講課的大概內容,網上公布的作業要求是給家長看的,不是給同學們看的,目的是請家長核對孩子記得對不對。如果你沒有記,那麼第二天老師批閱作業本的時候,就會問你為什麼不記,要看網上的,你自己就需要向老師說明為什麼沒有記作業。」當我說到這的時候,女兒就露出很「無辜」的表情,小聲咕咕噥噥,「我下次一定記就是了。」

看著她可愛的怪模樣兒，我忍不住想笑，可表情還要很嚴肅，「這是特例，不是先例！」「爸爸，特例是什麼意思？先例是什麼意思啊？」女兒的好奇心又被激發了起來，「特例就是特殊情況，只有這一次；先例就是發生了一次，下次不能再犯了。」「都是只有一次，對嗎？」「是只有一次，但是程度不同。」每次最怕女兒打破砂鍋問到底，她也許不是完全明白這兩個詞之間的差別，但就是想一問究竟。那個時候，我常常感覺書到用時方恨少，幸虧有「百度」和新華字典，我通常會悄無聲息地查閱相關內容，然後展示給女兒看，好維持自己在她心目中「英明神武」的老爸形象。

　　接女兒時，她問得第一句話就是「爸爸，你給我帶吃的了嗎？帶了什麼吃的？」哪怕我接她的時間比較早，僅僅距離她的午餐兩個小時。作業前吃零食和玩遊戲，是女兒一天中難得的快樂時間，她可以喝酸奶、吃蘋果、啃花卷。通過加餐，她補充著體力，壓力也得到了一定緩解。這段時間通常在40分鐘左右，我將這段時間嚴格控制在一小時以內，以確保她有比較充裕的時間完成作業。「爸爸，我可以吃脆脆鯊嗎？」「可以，不過要把牛奶喝完。」「爸爸，我可以玩一會Ipad嗎？」「可以，玩二十分鐘，時間到，我就要拿走。」女兒一方面徵詢著我的意見，一方面像變戲法似的把各種玩具、食物拿到我面前，我極少拒絕她的要求，只是對她的請求進行補充或者加個大前提，倘若我一次次地拒絕她的請求，會是怎麼樣的情形？她依舊我行我素，對我說的話置之不理或者大哭大鬧，而她的目的就是吃零食或玩遊戲，我有必要為了樹立爸爸的權威，逆著孩子來嗎？等孩子長大，還給她扣帽子說她「逆反」。相互尊重我想一定好過相互折磨。父女在這種對話的過程中，內心油然產生一種默契，愛在無言處，靜靜地，我聽到了女兒內心深處的微笑，天真而爛漫。

第二章 靜聽花開

我有時候在想人類是通過刺激—反應的條件反射修正自己的行為，進而形成習慣的。對於習慣養成期的孩子而言，新習慣的建立過程是一個不斷簡單重複的過程，談不上有趣，他們在一次次小心翼翼抗拒中養成了之前從未有過的習慣，接著在面臨環境快速變化時，被動地適應著新習慣，逐漸習以為常，影響終身。

放松時間一過，女兒就會放下手中的玩具和食物，規規矩矩地坐到自己的小書桌前，拿出來記作業本，先念一下作業，然後開始安排順序。前幾個月，她會先做數學作業，然後做語文作業，後面就做了調整，我們的約定就是除了節假日，作業需要在一個小時內完成，她執行，我監督。做作業時，我通常坐在她的旁邊，幫她糾正寫字姿勢或提醒她不要開小差，至於作業的內容，她不問我是不會主動解答的，只是告訴她，先把會的做正確，再思考需要動腦筋的，實在做不出來，我再幫她分析題目，這樣基本就可以保質保量地完成作業。

輔導女兒做「難題」是一項很有挑戰性活動。9月16日我記憶猶新，數學作業《黃岡小狀元》中有一道培優題，三只小貓，第一只小貓釣了10條魚，第二只小貓釣了6條魚，第三只小貓釣的魚比6條多，比10條少，第三只小貓釣了多少條魚？答案不是唯一的，7、8、9，都有可能。女兒只寫了一個數字——9。在我檢查作業的時候，對女兒說，這道題的答案不對，女兒的語氣斬釘截鐵，「答案哪裡不對了嘛？9不是比6多，比10少嗎？」「是的，9的確比6多，比10少。可除了9，還有哪些數比6多，比10少？」「9」，女兒堅持著自己的答案。「我說除了9，還有哪些數比6多，比10少？您再好好地想一想。」「干嘛嗎，就是9！」女兒不改初衷。這和她的個性有關，即便犯錯了也不會輕易承認，需要你耐心給她講道理。「你看題目啊，這道題的答案不是唯一的，也就是說除了9還有其他數。」

我恨不得把答案和盤托出,「有其他數又怎麼了嗎?9難道不對嗎?」她的反問讓我一時語塞,「是啊!9是對的」「對的,你還說不對。」女兒反應很快。我有點懊喪,要怎麼轉變她的判斷呢?光用抽象的語言啓發起不到多大的作用,於是我想了圖示法。我拿出來一張便箋紙,在紙上分為左、右、中畫了三個圈,左邊和右邊的圈裡分別畫了6條魚和9條魚,中間圈裡打了一個大大的問號?請女兒作答,她寫了一個大大的「9」,幾乎占滿整個圈兒,那意思是不容許其他的答案擠進來,也在鄭重宣告「9」這個答案的唯一性,不容置疑,看樣子圖示法也沒能奏效。「寶貝兒,如果這道題是問第三只小貓最多釣多少條魚?9的答案就是對的,可現在的問題是第三只小貓釣的魚比6條多,比10條少,它釣了多少條魚?就是在問可能的情況。」「可這上面沒有『可能』這兩個字啊!」「是沒有這兩個字,可你要看題並且需要理解意思啊!」「9是對的就行了。」我無奈地看了她一眼,只有該拜下風,誰叫我講不清楚呢?「好,等你媽媽回來給你講。」我感覺自己像逃兵,迫不及待想早點結束這場糾纏,女兒自顧自地玩去了。

　　好不容易盼到我妻子下班回來,我像抓到了一根救命稻草,告訴她傍晚時分的情形,她揶揄道,「教小孩子,不能用成人思維,吃完飯,我來!你負責收拾碗筷!」「得,又有家務干了!先把作業輔導完,我一準打掃廚房。」「寶貝兒,來!媽媽看看你的數學作業。」女兒好像也來了興致,主動把《黃岡小狀元》遞給妻子,「下午爸爸說我這道題做錯了,又沒有告訴我錯在哪裡了?媽媽你看一下,我到底做錯了沒有?」「我沒說你做錯了,只是告訴你答案不唯一。」我插嘴道。「好,我們一起來讀題,『三只小貓,第一只小貓釣了10條魚,第二只小貓釣了6條魚,第三只小貓釣的魚比6條多,比10條少,第三只小貓釣了多少條魚?』告訴媽媽,你是怎麼想的?」「比6大,比10小,

不就是9嗎？」「你說得對！再好好想一想，除了9，還有誰符合？」女兒好像意識到自己的問題了，「媽媽，我想不出來，你告訴我嘛！」「我們拿出來一張紙，你把1到10寫在紙上。」女兒照做了，「在6到10之間，有哪些數呢？」「7、8、9」女兒邊指邊說，「我們把他們圈出來好嗎？」「好」女兒按照妻子的提示完成著「游戲」，「你說一說，這幾個數有什麼共同特點呢？」「他們都比6大，比10小。」「我們再讀一下題目，答案是什麼呢？」「7、8、9」女兒這次聽懂了，「來，我們把8和7寫上去。」看著妻子和女兒一問一答，我思忖著問題究竟出現在哪？恍然大悟，我一直在用自己的方式幫孩子解決問題，而沒有站在孩子的角度去思考問題！

　　作業的檢查也是一個關鍵環節，孩子很難按照父母要求的去做，但是會按照父母的檢查去做。爸爸媽媽檢查什麼，孩子就比較重視什麼。剛開始，都是我代為檢查，漏題了或者做錯了，我都會提醒她及時修改，逐漸發現這樣做的弊端──女兒寫完作業就丟給我，幫我檢查。「爸爸」做對做錯好像和她沒什麼關係，如果是我沒有檢查出來，倒是我的問題了。我和妻子商量，明確提出來要求她，請她自己先檢查一遍，然後我們再看一遍，就可以簽字了，題目沒做對我們也會在作業本上如實記錄的。第一學期的最後一個月只要她檢查過了，我們就直接簽字，有幾次作業漏題了或者做錯了，她也沒有怪我們，自己卻慢慢學會了修改。

　　在和一些家長交流孩子作業這個話題的時候，有家長告訴我孩子作業多，孩子做作業拖拉，動作慢、不專心，該睡覺了，作業卻沒寫完，問我會怎麼做？我的建議就是始終要告訴孩子寫作業是他分內的事情，寫不完請他向老師做說明，讓孩子對自己的事情負起責任來，孩子是懂得利害關係的，關鍵是父母的堅持。有些父母認為是孩子訓練不足，所以額外給孩子作業

加碼，我覺得這是不可取的，重點是營造濃厚的家庭學習氣氛。女兒寫作業時，我會選擇看書，告訴她：「爸爸要備課，否則課就上不好，你要學習好，做作業是必不可少的，我們比一比，看誰做得好！」女兒感覺到自己並不孤單，而是在和我並肩作戰，學習興趣就被激發出來，常常掛在嘴邊的就是「上學可以學習很多知識。」

作業如果提前完成了，女兒會突發奇想，給我和妻子布置家庭作業，有幾次還煞有介事給我出考試題，有語文、英語、數學和美術，要求我們在規定的時間內作答，我和妻子故意寫錯答案，以檢驗她知識掌握的程度。她認真地做著批改，對我們這兩個學生的要求可嚴格了，不僅要求書寫，還要求我們按照題目的要求去做，對的打「鈎」，錯的在旁邊打「叉」，她無法判斷正誤的標上問號，把答卷讓我們交換著看，最後予以評分。只有沒有一點兒錯誤，才會給滿分。扣分時卻手下留情，一般只扣五分以內，這樣我的試卷看上去才不會顯得慘不忍睹。孩子出題考大人，是蠻有趣的一件事，有時間的話每個月做上幾次，家長不僅可以瞭解孩子的學習情況，而且可以轉變思維，從孩子身上學到一些新的知識，寓教於樂，樂在其中。

至於作業量的多寡，我覺得是「多不如少，少不如無」，小學生每天的綜合作業量最多不超過一小時，作業的內容和形式可以多樣，重要的是讓孩子在作業中找尋到學習的樂趣。這一點大家可以集思廣益，一些好的建議和做法會被發掘整理出來，讓更多的孩子受益。

這麼多年來我們一直在呼籲給學生減負，到頭來學生的負擔越來越重，其中的重要原因就是考試的方式還沒有改變。如果改「一考定終身」為結合平時學習、期中考試和期末考試等進行綜合評價，讓作業變得有趣，重在反饋，而不是排座次，我相信孩子一定會從內而外熱愛上寫作業的！

第三節　生日的意義

> 從他們蹣跚學步一次次跌倒之後掙扎著爬起來，他們掌握了調節身體平衡的技巧；從他們咿呀學語，我們不厭其煩一遍遍地重複，他們鸚鵡學舌的模仿，他們漸漸理解了語言的含義。孩子身上的冒險精神得天獨厚，當遇到適宜的陽光、土壤和水，他們就會萌芽、開花、結果……

日子很快從指尖溜走，女兒上小學不知不覺已經滿一個月了。

這個月裡，女兒已經習慣早起，每天早上當我把她送到校門口，目送她背著書包，小小的身影消失在拐角處，心中莫名升騰起憐愛之情：小小年紀，學著適應陌生的環境，試著與不同的人相處，有喜歡的，有不喜歡的，都需要學會面對，本身就需要一種勇氣，恰恰是這難能可貴的勇氣，讓孩子完成了「破繭成蝶」的華美蛻變！我們無須過分擔心孩子的適應能力，從他們蹣跚學步一次次跌倒之後掙扎著爬起來，他們掌握了調節身體平衡的技巧；從他們咿呀學語，我們不厭其煩一遍遍地重複，他們鸚鵡學舌的模仿，他們漸漸理解了語言的含義。孩子身上的冒險精神得天獨厚，當遇到適宜的陽光、土壤和水，他們就會萌芽、開花、結果……

這個月裡，女兒問得最多的就是「爸爸，我什麼時候過生日啊？」她對生日的理解還停留在吹蠟燭，切蛋糕的層面，因為我們會給每個家庭成員過生日，過生日是女兒最開心的事情，無論是不是她的生日。當她看到班主任老師發給其他小夥伴的

生日賀卡，並且把照片分享到家長群裡，羨慕之情油然而生。

盼望著、盼望著，盼望已久的日子終於來到了！早上，女兒一骨碌從床上爬起來，就興奮地叫起來：「媽媽，我要過生日了！爸爸，你要幫我買生日蛋糕啊！今天老師要給我發生日賀卡，好開心呀！」可以看出來，女兒對於過生日這件事情是「蓄謀已久」，不知從什麼時候起，女兒學會了用「開心」這個詞，和小朋友玩、出去鍛煉身體、上街購物，她都會用「開心」結尾。我曾經有意告訴她其他詞語，比如「高興」「快樂」「愉快」等，她重複兩遍就又回到「開心」去了。教育是要看時機的，趁著女兒的高興勁兒，我一邊把一杯白開水遞給女兒，一邊說：「寶貝，您知道過生日最該感謝誰嗎？」女兒好像沒有聽明白，我又重複了一遍。她沒有說話，若有所思。我見她不說話，就開始自問自答：「孩子過生日最應該感謝的是媽媽！六年前的今天，媽媽生了你，你才有了生命！」「哦，那我是從媽媽的肚子裡鑽出來的。」「對呀，就像你看到外面大街上走的大肚子阿姨，肚子裡面裝的什麼呀？」「寶寶！」「對了，你真棒，一下子就答對了。」「媽媽懷孩子十個月，是不是很辛苦？」「是啊！」「媽媽生寶寶，也很危險，所以寶寶過生日，該不該感謝媽媽啊？」「我和媽媽一起過生日，好嗎？」「好，沒問題，我們買一個大蛋糕，你和媽媽一起許願。」「好啊，好啊！」在和女兒的一問一答中，孩子對於生日有了另外一種理解。

機緣巧合，妻子手中恰好有一份更新版關於分娩的醫學教育專業視頻，女兒偶然間看到後便不罷手，一遍接一遍地重複觀看，一邊看一邊想一邊問，幸虧我和妻子有醫學教育的背景，因此我們嘗試著用女兒可以理解的方式告訴她有關「生命的故事」——我們的生命就是爸爸身體裡面的精子細胞和媽媽身體裡面的卵子細胞有一天見面了，精子細胞鑽進卵子細胞中，兩個細胞融合成一個受精卵，媽媽的肚子裡面有一個叫子宮的器

第二章 靜聽花開

官,這個受精卵就在媽媽的子宮中住下了,子宮就是他的房子,媽媽會把他每天需要吃的東西通過臍帶直接傳到他的身體裡,通過吸收這些營養,他就能每天長大一點點,十個月以後便長成一個很可愛的小胎兒,媽媽的身體也會發生一些變化,以便讓小胎兒在肚子裡生活得很舒服,等到媽媽的肚子再也不能長大,不能讓小胎兒住得很舒服的時候,他就該從肚子裡鑽出來了。她聽起來覺得這可真神奇,一個細胞變成了一個人。

對於孩子問:「我從哪裡來的?」我也不用搜腸刮肚、胡編亂造諸如「抱來的」「撿來的」等有違事實的答案,這就是生動有趣、淺顯易懂的生命教育!她像春風吹過從地底下鑽出小腦袋的綠草兒,嫩嫩的,柔柔的,討人喜愛。我們需要張開雙臂,以一種開放的、理性的態度去講述生命的奧秘,與孩子一起探討生長、發育帶來的改變。

下午接女兒放學的時候,她顯得不是很開心。我關切地問:「怎麼不高興啊?」她噘著嘴,失望地說:「老師沒給我發卡片。」說話的表情簡直像受了極大的委屈,「老師是不是不喜歡我,其他人過生日都有的。」說完,眼淚開始在眼圈裡打轉,卻又表現出竭力克制不讓它掉下來的樣子。「今天你過生日,老師忘了給你發賀卡,你很難過,對嗎?」女兒咬著嘴唇點點頭,「這件事情發生在爸爸身上,爸爸也會很傷心的。」女兒的情緒比剛才舒緩了一些,反過來關係我「是不是你的老師也不喜歡你呀?」「不是,是老師工作太忙了,她不小心忘記了。她想起來,就會補發給你的。」「可是明天她也可能忘了啊!」「不會的,老師忙完了坐下來休息的時候,就會想起來啊!好了,爸爸給你買了蛋糕,我們回家看看。」

在傳統教育中,小孩子過生日的儀式有「抓周」,也就是在一週歲生日的時候,讓孩子獨自坐在床上,在孩子的面前擺上各種各樣的物品,物品對應職業,根據孩子抓周來判斷孩子的

喜好，算是職業選擇的啓蒙教育吧！小時候過生日，媽媽煮幾個雞蛋，家裡人每個人吃一個，俗稱「搖災」，也就是大家幫助小孩子一起搖去災難，保佑孩子平平安安，其中也有分享的意味。許願吹蠟燭，切蛋糕屬於舶來品，寄托著美好的祝願，甜蜜的期待，在慕斯蛋糕的繽紛味道中迎接新的起點。

晚飯過後，女兒吵著要吃蛋糕。在「祝你生日快樂」的歌聲中，女兒再次綻放笑容。她或許已經忘了生日卡的事情。在她睡著後，我給老師留了言。第二天放學的時候，她興高採烈，「爸爸，你猜老師給我發了什麼？」我佯裝不知，獎券、鉛筆，她有點小得意。連連搖頭，「不對，再猜，再猜，」末了，才說：「你猜不對了吧，是生日賀卡！老師說她把我的生日記錯了一天，記到今天了，她還特地給我道歉了呢！」「那你原諒老師了嗎？」「原諒了啊，她又不是故意的，所以我願意原諒她。」回到家，她迫不及待地把生日賀卡貼在小書桌的上方，那勁頭兒比吃了蛋糕還興奮。

做父母的，關注孩子的行為習慣多一些，對於孩子的情緒往往忽視，愛與傷害的分寸很難拿捏，父母與孩子的交流常常因缺乏同理心而大打折扣。當我們把注意力放在事實上的時候，明確告訴孩子自己的感受，才有了溝通的前提。孩子才會聆聽你的建議，我們沒有權利剝奪孩子體驗的機會！在此也很感謝老師的道歉，她讓孩子學會了寬容。

第四節　操行反饋表

很多父母談起規則意識的培養就覺得無從下手，其實要培養這種意識從我們身邊的小事做起，讓孩子參與規則的制定，履行規則約定義務，承擔相應的責

第二章 靜聽花開

任，在點點滴滴中去浸潤，對於父母和孩子來言，都是大有裨益的。

對於成人來說，改變行為習慣的過程是痛苦也是殘酷的，儘管我們常常說養成一個好習慣僅僅需要 21 天甚至 18 天，但是做起來，「戒斷副反應」還是讓我們選擇半途而廢。如果說成人改變習慣的動力是有意識的，對於剛上一年級的女兒而言，告別幼兒園，步入小學，新習慣的養成往往是被動地，甚至是被強制的，毫無樂趣，充滿煩惱。

第一次家長會後，根據班主任老師的建議，我立即著手做了一張作息時間表，從早上七點鐘開始一直到晚上 8 點 30 分熄燈睡覺，除了學校課程表規定的學習內容，以 15 分鐘為一個單元，詳細規定了起床、洗漱、早鍛煉、早餐、作業、自由活動、晚餐、整理等活動安排。我和妻子達成一致後並向女兒說明作息表的具體內容徵求她的意見後，將作息表打印出來貼在她的小書桌上方。

作息表從正式上學第一天開始執行，爸爸、媽媽監督配合。「言傳身教」，身教重於言傳，要求孩子做到的，父母要首先做到，否則父母難以在孩子心中樹立威信。我屬於貓頭鷹類型，早起對於我來說苦不堪言，自打女兒上小學，我就感覺自己像一根上緊的發條，到了 7 點鐘就會從睡夢中「彈」醒，開始了緊張而忙碌的「早餐時間」：燒水、煮粥、煎蛋、加熱饅頭，為了多讓女兒睡幾分鐘，我要在 20 分鐘內完成規定操作，這樣才可以幫她擠出來幾分鐘機動時間。女兒雖然六歲了，但吃飯還是老大難問題，在幼兒園懶散慣了，上了小學適應時間明顯比其他小朋友要長。我沒有強求她，每個孩子都有自己獨一無二的成長軌跡，正如花期不同，綻放的時間也就有差別。

如作業未能如期按要求完成，則自動占用自由活動時間並

加強補習內容。對於女兒來說，自由活動時間是彌足珍貴的「開心時刻」，每天完成作業後，她一準兒纏著我做游戲，這時候她的奇思妙想就會湧出來，設計各種互動游戲要求我和一起完成。所以占用自由活動時間對於她來說除非情況特殊，是一件心不甘情不願的事兒。我們還對自由活動進行了約定，看電視、玩電子游戲的時間一次控制在 30 分鐘以內，鼓勵外出保證正常的運動量以及多聽音樂、繪畫和做手工。

近些年來，我們對於孩子專注力等問題越發予以關注，很多家長還在孩子參加了各種培訓班，期望解決孩子注意力不集中、學習成績差等問題，效果常常差強人意。殊不知就是因為自由活動的時間安排在悄無聲息地扼殺了孩子的專注力。

1996 年，美國印第安納大學兩位教授米登多夫和卡利什發現大學生需要 3~5 分鐘才能靜下心來，在之後的 10~18 分鐘內精力非常集中，那之後，不管老師講得有多好，不管課程多麼吸引人，學生一定會「溜號」，之後再次集中精力的時間只有 3~4 分鐘。據此不難判定，學生專注力的時間大概在 10~18 分鐘之間。

電視、電子游戲集聲、光、影為一體，擁有不斷變化的畫面、豐富鮮豔的色彩、動聽好玩的聲音 …… 孩子被聲音、圖畫和故事情節吸引，樂在其中，樂此不疲。傳統課堂的教學內容和手段預制相比，卻很難激發學生的學習興趣。

從某種程度上，孩子看電視、玩電子游戲的時間越長，相應地，集中精力的時間就會越短，當孩子習慣不假思索地接受信息，懶於思考和探索，加之活動減少，孩子的身體協調能力降低，其結果就是孩子今後的學習變得更加困難。因為缺少人與人之間的互動體驗，看電視多的孩子人際交往能力差。

目前很多電視臺為了追求收視率，全天不間斷播放動畫片；游戲開發商在通關關卡的設計上不斷強化新、特、奇，許多小

第二章 靜聽花開

學生看起動畫片，玩起游戲可以說是「廢寢忘食」「不眠不休」。因此不超過30分鐘的設定，是有其科學道理的。

最後一點就是獎勵了。凡一週內能認真自覺遵守本作息規則，可給予故事書、文具、小食品、益智玩具、旅遊等獎勵。為了讓女兒感覺獎勵不那麼遙遠，妻子還專門做了獎券，表現好就發獎券，然後用累積的獎券來交換禮物。起初是我和妻子都可以發獎券，後來變成我們一起表決表現好才可以發，表現不好還要罰沒已經發的獎券，女兒慢慢地習慣了我們這種做法，有時候還會主動承認表現不好，並乖乖地把獎券交給我。

孩子在學校的表現究竟怎麼樣呢？想必是每一個家長都關心的事情，班主任老師在女兒入學一段時間後，每隔一週都會給我們看一張《操行反饋表》，反饋表的內容涉及作業、排隊、早操、作業、靜息、聽講、吃飯七個方面，每項每天一顆星，每週三十五顆星，每週五班主任都要在家長群裡公布，以方便家長瞭解孩子在學校的表現，並給予一些孩子諸如表揚信的鼓勵。

聽班主任講，女兒那段時間每當下課後，就站在教室牆上張貼的評分表前，一顆一顆數著小紅星，她不太關心別人得了多少顆星星，只關心自己距離5顆星還差幾顆，數著、數著就從開心變成了失望，自己在原地踏步。

回家後，我和妻子都佯裝不知，問她：「本周你得了多少顆星星啊？我們一起來數一數。」女兒雖不情願卻沒有拒絕，第一張反饋表沒有一項是五顆星，還有三項是三顆星。我沒有批評孩子，適應小學生活畢竟有個過程，一上來「高標準、嚴要求」反而「欲速則不達」。「寶貝兒，我們來看一下哪一項做得比較好，作業、靜息都是四顆星啊，真不錯！」女兒沒想到會聽到表揚，輕輕吐了一口氣。我猜在回家之前，她一定會想到挨批，想到如何應對等種種情況。這下壓在她心頭的緊張感終於可以一吐為快，話

匣子一下子打開了,「我靜息的時候,睡著了,連上課的鈴聲都沒有聽到,上課了都不知道,是老師把我叫醒的,老師也表揚我靜息做得好呢?」說著她的小嘴巴翹起來,連眉毛也不自覺揚了一下,看著她自鳴得意的神情,我感到孩子太需要讚美了。

按照幼兒園的規定,孩子必須要午休到下午 2 點半,夏天的時候是 3 點,對於女兒來說,午休是漫長的,她很難入睡,翻來覆去睡不著,老想和其他小朋友說話。因為幼兒園會派老師例行檢查,所以我們因為女兒午休的事情經常被老師點名需要加強習慣養成的培養,有一段時間,只有把她接回來午睡,下午再送去幼兒園或者讓她幫助老師做點事情,好讓她度過「漫長」的午休時間。上小學,她的靜息能得四顆星對於我們來說進步已然明顯了。

「還有哪方面做得好呢?」我可不想讓這種美好的感覺很快消失,「作業,老師覺得我的數學作業做得好,我每次都得優加三顆星!還有就是排隊,老師表揚說我沒有說話……」女兒說話像爆豆一樣,說起來自己的「上佳」表現,她是很願意與我們分享的!還常常用這樣的問題來考驗我,「爸爸,你知道我得了幾顆星嗎?你猜?」在配合她完成猜數字游戲的過程中,她享受著讚美帶來的喜悅、溫暖和幸福。

「我們再來數一數,有哪幾項的星星比較少?」當我提議數三顆星的表現時,看得出來女兒的表情有了輕微的變化,她抿了抿嘴唇,欲言又止,小聲地說:「爸爸,陪我玩一下嘛!」我沒有揭穿她想轉移話題的小心思,「看一看,又沒什麼關係?我們找到問題才好下手解決嗎?」「吃飯只有三顆星,是怎麼回事兒呢?」和孩子的交流,我很注意措辭,「吃飯為什麼只有三顆星」顯得咄咄逼人,很不友好?「怎麼回事兒」卻是充滿關切的,這樣孩子比較容易接受,溝通起來也會順暢一些。「老師說我吃飯太慢了。」女兒擔心我批評她,補充道:「我還不是最慢

的，班上還有同學比我慢。」情景教育的關鍵就是要設身處地，不能一廂情願打斷孩子的話，一定要和她同頻率才可以有對話的基礎，「你是不是擔心爸爸批評你，爸爸就想知道你吃飯的情況。」我把話題又拉了回來，「我不喜歡吃青菜和肥肉，遇到我喜歡吃的，我就會吃完，要不就要剩菜，飯我是吃完了的。」女兒想了想，描述著她在學校午餐的情形，「那就是說你吃飯除了慢，還會剩菜？」女兒點了點頭，「所以老師扣了我兩顆星」，女兒這次沒點頭，倒像哥倫布發現了新大陸，把心裡困擾已久的問題解決了。「下一週你打算怎麼做呢？」「我吃飯快一點兒，而且不剩菜。」女兒小心翼翼做著保證，「說到更要做到，下周吃飯的目標是幾顆星啊！」「五顆星。」她的語氣不夠堅決，說明她不確定下周她能得到五顆星，「四顆星，能做到嗎？關鍵是不要剩菜！來，我們拉鈎上吊，一百年不許變！」我伸出了小指頭，女兒如釋重負，發出銀鈴般清脆的笑聲。

我和妻子為女兒設定的目標就是各方面表現在班上中等偏上即可，不想給孩子太大壓力，因此在家庭教育中更為重視的是孩子的心智培養，希望女兒健康、快樂。對於知識和技能學習這方面，我們強調的是順其自然和興趣培養。看到孩子的操作反饋表，我們的共識就是不拿自己的女兒和別的孩子比，只拿她這一週的表現和上一週比，讓她看到自己的進步，逐漸樹立信心。

我曾經和一些父母討論：中國孩子為什麼缺乏責任感？早期的家庭教育是很大的原因，我們給予孩子太多的呵護，捧在手裡怕飛了，含在嘴裡怕化了。當孩子事情做不好，找了太多的客觀原因幫孩子開脫，久而久之，就養成了孩子做錯事從外界找原因的壞習慣，出了問題再改正常常事倍功半，收效甚微。

很多父母談起規則意識的培養就覺得無從下手，其實要培養這種意識從我們身邊的小事做起，讓孩子參與規則的制定，履行規則約定義務，承擔相應的責任，在點點滴滴中去浸潤，這

對於父母和孩子來言，都是大有裨益的。

第五節　十張表揚信

在達成目標的過程中，有深谷險灘需要她學會蟄伏，等候時機；有驛路梨花，雖然美麗卻不容許她過長時間停留，成長的過程有苦也有甜！

9月5日，星期五。

下午放學的時候，女兒興衝衝地從書包裡拿出一張紙，小心翼翼遞給我，有點小得意地說：「爸爸，我得表揚信了。」「是嗎？我看看表揚信裡寫的是什麼。」我只看了表揚信三個字，下面的內容剛要讀，女兒就從我手裡把表揚信拿下來，生怕我看壞似的，趕緊放進書包裡。「咦，怎麼回事？你不讓我看啊？」「你知道我得表揚信就好了，回家和媽媽一起看。」我悻悻地把她抱上自行車後座上，帶著生氣的語調對她說，「你不是說好東西要和大家一起分享的嘛！你不讓我看就算了，不就是一張表揚信嗎？」她聽後，有點不高興，反詰道：「你這樣說話有禮貌嗎？我不和你玩了。」「你這是逗我玩啊，小屁蛋。」我用食指刮了一下她的小鼻子，輕輕一抖她，她就樂得前仰後，極富感染力的笑聲讓人哭笑不得！一回到家，她就嚷嚷著要把表揚信貼到牆上去，還不許我幫忙，我只有站在她身後，防止她從凳子上跌落下來。表揚信的內容比較簡單——「××同學，因為上課認真聽講受表揚，值得稱讚！落款是愛你的×老師」，當她把表揚信張貼好，得意地對我說：「爸爸，你得過表揚信嗎？」「表揚信爸爸倒是沒得過，不過獎狀有很多。」「那你拿出來給我看看呀！」「沒有在家裡，在兔兔家。」「好，下次去兔兔家，你一定

第二章 靜聽花開

要拿給我看呀!」（女兒給我們另外一個居所起名叫「兔兔」，那一年我們為了迎接兔年，在屋子裡貼了很多兔寶寶的吉祥畫，在女兒心裡，她更喜歡兔兔家，那裡有玩具，可以騎自行車，簡直是她的樂園。她對我們目前所租住的房子不是很喜歡，一到節假日就吵著要去兔兔家。）「好，一言為定。寶貝兒，表揚信說明你過去一週表現很好，老師為了鼓勵你發表揚信給你是要你不斷努力，這樣你就會得很多張表揚信。」她似懂非懂，點了點頭。

第二張表揚信到了9月30日才姍姍來遲，因為「課前靜息好」她再次得到了表揚信。看得出來，她努力適應著小學生活，剛進入小學對於她來說有很多的不習慣，不像幼兒園可以偷懶，想去就去不想去就可以請假，有了家庭作業，起初她很興奮，一個月的時間上學好像已經無法引起她的興趣，她開始迴歸幼兒園時的狀態，顯得懵懵懂懂。整個十月份，女兒完全處於遊離狀態。在這個月裡，她狀態低迷。我沒有急於催促她，而是細細觀察著她的一舉一動。我發現她動作變得有些遲緩，有時候磨起了「洋工」，注意力一會就轉移了，靜不下來十分鐘，就開始做小動作，需要我在旁邊不時地加以提醒，才勉勉強強完成學習任務。學習此刻對於她來說不再是一件有趣的事情，而是簡單又枯燥。

根據1998年卡特出版的著作《心智地圖》中大腦神經元網絡圖，我判斷女兒進入了「間苗期」。當兒童發育到六歲左右時，腦神經元之間的連接表現出錯綜複雜的狀況，但是經過學習和構建了對世界的基本想像方式之後，會變得疏松。在「間苗期」期間，兒童的認知結構、情感結構、人格結構，這三類基本的、決定了人生命運的心智結構就開始「定型」——除非發生特別深刻和震撼性的個人事件，這些基本結構不會有很明顯的改變。

陪伴

　　腦科學研究表明，兒童在10歲以前的「間苗過程」中，視覺區和聽覺區交界處尚未定型，這使得許多兒童具有音樂天才和繪畫天才的那種對聲音和色彩的直覺能力，也就是大家俗稱的「特異功能。」這個時期應該充分讓他們玩耍，而不是強加給他們任何不必要的知識，使兒童在玩耍中充分擴展他們思維的自由空間，開發智力，增強兒童大腦中各方面功能的神經元。因為六歲兒童的大腦大約已經獲得超過成人大腦2倍的神經元數量，所以處理信息的速度不可避免會出現下降，這就是反應遲緩的原因。這個時候家長容易給孩子貼標籤「笨」或者「慢」，如果家長有這方面的常識，就能夠比較好地理解「三歲看大，七歲看老」。

　　除了女兒學校布置的作業，我沒有給她增加額外的學習任務，除了學習跆拳道，關於文化的補習，一概不參加。有一段時間，女兒迷上了畫畫，我問她要不要參加「繪畫學習班」，她很有主見地說：「我喜歡畫畫，不喜歡上學習班，反正都是玩。」孩子有自己的思考和判斷，我也沒有勉強。家長在孩子的成長過程中究竟該扮演什麼樣的角色。是「保姆？保安？保潔？」還是「老師？學友？玩伴」，我更傾向於選擇後者。

　　11月份，波瀾不興，女兒帶回兩張表揚信，我依舊沒有催促她，完全按照原有的節奏陪伴她，她做完作業依舊纏著我陪她玩，她設計了一些遊戲，搭積木，開商店，我偶爾陪她玩撲克牌，父女間其樂融融。12月份女兒好像一下子長醒了，每到星期五就特別興奮地告訴我：「爸爸，你猜，老師今天會不會給我發表揚信？」我一以貫之地肯定：「會，爸爸相信你一定會給我和媽媽帶來驚喜！」「是驚（jing）喜，不是驚（jin）喜！」女兒認真地糾正著我的發音！「對，驚喜！」我故意把「驚」咬得很重，她咯咯地笑起來，一會兒就笑得前仰後合。看著她發自內心的天真笑容，我感受到一種孩子的熱情，這熱情可以消融

第二章 靜聽花開

寒冰，讓你在初冬時節如沐春風。

當女兒把8張表揚信有序地貼在牆上，她並不像第一次貼表揚信那樣自鳴得意，從她的語氣中我能解讀出些許的失落感，「我才得了8張表揚信，×××同學有10張，她畫畫、寫字都比我好！」孩子有了比較的想法，說明孩子有了競爭意識，這時候父母的引導就很重要了。「既然你已經知道自己的不足，你完全可以通過努力趕上去啊！表揚信是對於你過去表現的肯定，並不代表未來你表現不好！爸爸相信寶貝兒也一定可以得10張表揚信！」「是嗎？爸爸，你相信我可以得10張表揚信嗎？」「我們一起努力！」我跟女兒做了一個約定，如果她得到10張表揚信，我就送她一件心儀的禮物。

很快第9張表揚信就被她拿回來，我們一起開始倒計時，1月16日，第10張表揚信如約而至。和前9張不同，第10張是獎勵他們「被評為優秀學習小組」的，不僅榮獲了表揚信，他們還得到了一份「神祕禮物」，女兒用木頭筆肆意在彩紙上勾畫，刮去黑色的塗層，就呈現出金色、綠色和紅色等底色，一路走一路刮，到了樓下的時候，一幅兒童畫已完成大半。看著女兒手上的畫，我有一種難以名狀的感動。在女兒的世界中，花不僅鮮豔而且芳香，人不僅漂亮而且善良，自然而美好。

10張表揚信，對於女兒來說仿若一學期制定的目標，在達成目標的過程中，有深谷險灘需要她學會蟄伏，等候時機；有驛路梨花，雖然美麗卻不容許她過長時間停留，成長的過程有苦也有甜！目標如山岡凝固在那個高度，經過每天一點兒一點兒的跋涉，登頂只是早晚的事情，10張表揚信把沿途的美好景致用時間定格！

第六節　課前三分鐘

　　要培養一個出色的孩子，父母必須有這樣的意識和自信：父母是最好的老師，親情是最好的營養品，餐桌是最好的課桌，家是最出色的學校。

　　下午的時候在家長群裡看到班上要開展「課前三分鐘」活動，心裡盤算著怎麼和女兒一起準備。

　　「課前三分鐘」對於大多數人來講並不陌生，老師一般會利用這寶貴的三分鐘時間總結上次課學習的重點，並且為即將開始的課程講授做好導入。作為職業培訓師，我知道課前三分鐘的設計甚至關乎整個課程的成敗。我通常會提前一刻鐘到教室，和學員交談一下他們的工作背景以及在工作中遇到的問題，以便於對上課的內容進行針對性的調整，「課前三分鐘」實際上屬於一節課的導言，我通常用一分鐘做自我介紹，一分鐘介紹課程背景，一分鐘介紹課程的價值，成人學習需要知道「為什麼學習」和「學習的好處」。小學一年級的學生要在「課前三分鐘」展示自己，我從一開始就充滿了好奇。

　　班主任對於課前三分鐘的設計胸有成竹，根據她一個多月的觀察，先確定了幾位表達能力強的同學完成課前三分鐘，然後再按照安排表一個一個來。因此距離女兒進行展示還有一段準備時間。

　　依據正常的語速，一分鐘大概說 200～250 個字，三分鐘可以講一個小故事，也可以唱首歌。時間越短，反而要求越高。說什麼，怎麼說，沒有經過訓練的成人也很難順利完成。最初女兒搞不清楚，「課前三分鐘」要做些什麼。我引導她說，先從

第二章 靜聽花開

「一分鐘自我介紹」開始，再增加一些內容就可以湊夠三分鐘。我曾專門訓練過成人做「自我介紹」，兩分鐘的時間，大多數人不能充分有效地利用時間，統計下來只用了59秒左右的時間，剩下一分鐘沒有內容。另外，語言不夠順暢，口頭禪很多；講的多是看法，缺乏事實細節，不能打動人等也是普遍存在的問題。而對於孩子如何分配這三分鐘，如何達到這三分鐘的目標，我拭目以待。

晚飯過後，我請女兒做自我介紹，「我是×××，今年六歲了，我家住在×××，我喜歡××、××、××。」女兒小聲說了一遍，需要我和妻子的提醒才把句子補充完整。我情不自禁叫了「暫停」，蹲下身子，雙手扶住女兒的小肩膀，煞有介事地說：「寶貝兒，不要著急，先想清楚再說，說錯了沒關係，聲音大一點，我相信你一定可以說得很流利！」女兒嘟了嘟小嘴，照著剛才的格式又說了一遍。我感覺比較平淡，時間也剩了很多。我又開始啟發她，比如你的興趣愛好，可以多講幾句，簡單地說自己喜歡什麼，是不是太蒼白了？女兒好奇地問：「爸爸，什麼是蒼白？」我不得不停頓下來，「蒼白就是沒有色彩，不生動。」「不生動又有什麼關係呢？」女兒反問我，我一時語塞，是啊，不生動又有什麼關係呢？「不生動，小朋友們就不愛聽你說。」「不愛聽又有什麼關係呢？」女兒又一次反問我，我開始有點抓狂，在房間裡轉了一圈，喃喃自語，「是啊，有什麼關係呢？」妻子打斷了我和女兒的對話，「寶貝兒，完完整整講一遍，把字咬清楚，你很棒，不是嗎？」女兒的童聲又開始在客廳回蕩。

「寶貝兒，你沒有有效利用時間，做完自我介紹，我建議你唱首歌。唱哪首歌呢？」我徵求著女兒的意見，「《熊貓咪咪》」，女兒脫口而出。也難怪，這首歌她在上學校前曾好好練過，還參加過電視節目的錄制，儘管沒有被選上，她還是自我感覺良好。「來，你做完自我介紹把《熊貓咪咪》這首完整地唱

一遍，最後說謝謝大家。大大方方地表演，我們為你喝彩！」女兒一下來了興致，「我是××，今年六歲了，我家住在×××，我喜歡唱歌，下面把《熊貓咪咪》這首歌送給大家，竹子開花了喂……謝謝大家！」我看了一下時間，唱兩遍時間比較合適，我和妻子不約而同鼓起掌來，「很好，課前三分鐘你沒有問題！」

過了一週的樣子，女兒放學回家，對妻子說不想唱歌了，她想講故事。我在一旁搭話到：「好啊，那你講什麼故事呢？」「我講後羿射日的故事。」「可以，吃完飯，你給我和媽媽講一遍。」女兒點點頭，之前聽我和妻子給她講故事，她要聽很多遍，直到自己可以講為止，每次聽故事，她都習慣性地問「後來呢」或者「然後呢」，我觀察女兒比較關注故事的細節，對於故事梗概的理解很模糊。聽她講後羿射日的第一遍還算完整，後來她越講越複雜，開始在細節上糾纏。之前女兒不怎麼喜歡講故事，一定是看到其他小朋友講故事受到啓發自己才嘗試著講故事，講著講著，她不講了，有點垂頭喪氣，原來她發現聽故事和講故事是兩碼事兒。我從她的眼神中已經讀出來想放棄的想法。我看了妻子一眼，她心領神會。「寶貝兒，媽媽給你講一遍好嗎？」妻子把女兒攬到懷裡，翻開《影響孩子一生的中國名著——山海經》，開始讀後羿射日的故事。女兒堅持要聽「女媧造人」，那是她在點讀機裡不厭其煩地聽的故事。「你到底要講哪個故事？」「女媧補天。」我和妻子面面相覷，這就是六歲孩子的「童真。」

懷特海在《教育的目的》一書中對孩子為什麼「喜新厭舊」提供了科學的解釋——「從接觸單純的事實，到開始認識事實未經探索的關係的重要意義，這種轉變會引起某種興奮而浪漫的情感，本質上就屬於這樣一種興奮」。

距離女兒展示「課前三分鐘」的時間越來越近，女兒還沒有考慮好究竟要展現什麼，不是因為她多才多藝，而是她想留

第二章 靜聽花開

給老師和同學深刻的印象和美好的記憶。那段時間，恰逢她要準備跆拳道晉級考試，正在聯練習太極四章，正好可以兩者兼顧。妻子建議女兒「課前三分鐘」打一套太極四章，她想了想同意了。根據考級要求，女兒需要掌握太極一章到四章的品勢和腿法，除了基本功訓練，每天都要溫習一遍。

在送女兒去學校的路上，她小聲問：「爸爸，課前三分鐘我打太極四章還是太極一章？」女兒給我出了一個選擇性問題，顯然她希望我支持她打太極一章，相比太極四章的動作難度，太極一章對於她來說駕輕就熟。我故意說，「太極四章，有難度才有挑戰。」「爸爸，我擔心忘了，中間有幾個動作我練不好，還是打太極一章吧！」我從她的話語中聽到了哀求，「好，你自己做決定好了。」當我問起女兒課前三分鐘的具體表現，她說老師講她請大家向後轉時聲音小了，要再大點聲兒就好了，女兒說完如釋重負。

我曾經看過這樣一句話：「18歲之前一萬句的讚美，你的孩子會成為天才！」在孩子成長的過程中，如果一直是父母越俎代庖，幫助孩子做選擇甚至違背孩子的意願，孩子即便做出父母想要的結果，除了情非得已，終究是不快樂的。在我們過分強調教育結果的時候，一路走來，我們對於教育過程的關注乏善可陳。

「課前三分鐘」舞臺很小，夢想卻很大。老師們願意擠出寶貴的教學時間，給孩子提供施展才華的舞臺需要的不僅僅是勇氣還有智慧。很多孩子一定會超時，甚至會緊張得一言不發。沒有關係，讓我們去欣賞在此過程中孩子付出的努力，結果在我看來遠沒有過程中的陪伴重要。

當父母和孩子一起面對新的環境，父母的角色是教練，給予孩子指導、引導和輔導。孩子的角色是隊員，需要鼓勵、反饋和糾偏。陪伴的過程，對於父母和孩子來說都是一種全新的

體驗。要培養一個出色的孩子，父母必須有這樣的意識和自信：父母是最好的老師，親情是最好的營養品，餐桌是最好的課桌，家是最出色的學校。

當我們選擇追求超長的發展速度，一路狂奔，無暇停下腳步去欣賞路邊的風景，錯過了就不再有，想想孩子一天天長大，有一天離開父母，不再需要我們溫暖的懷抱和小心的呵護，想一想「課前三分鐘」我們曾經一起走過，不也是一種幸福的回憶嗎？

第三章　親子對對碰

第一節　小小「購物狂」

　　陪伴不是代替孩子做選擇，而是平等地討論，分享知識和觀點，讓孩子明白選擇的意義在於過程而非結果。從這種意義上，選擇的價值是人格獨立的自信表達！

　　「愛美之心，人皆有之」在女兒身上表現得特別明顯。上幼兒園的時候，她特別喜歡穿漂亮裙子，尤其是白底紅花的裙子，這種款式的裙子她有好幾條，基本上是中長款的。或許是喜歡紅色的緣故，女兒的性格直爽而且熱烈，像多變的夏日，一會兒晴一會兒陰，陰轉晴到晴轉陰在她臉上是分分鐘的事情。我曾經問過她喜歡穿裙子的原因，她悄悄告訴我，是因為「光腿腿」好看。上幼兒園中班的時候，纏著我買褲襪，她要求是白色有暗花的那種，最好有白雪公主的圖案。

　　說起穿褲襪，她的神情充滿了無限的遐想和期待，像一個快樂的精靈，手舞足蹈加上眉飛色舞，在我身邊跳起了「雙人

舞」，不時發出「咯咯咯」的笑聲，讓家裡的每一個人都受到感染，隨著她的歡跳氣氛逐漸活躍起來。她趴在桌子上，在電腦頁面中瀏覽著褲襪的款式，不一會兒叫我停下來，她專注地欣賞著圖片，嘴裡激動地發出來：「我要這件，就要這件！」我沒有回答她，而是繼續轉動著鼠標拖動著頁面，讓她看到更多的圖片，以最終確定自己的選擇。

在她剛上幼兒園那會兒，我帶她去公園，事先約定玩三樣遊樂項目，項目由她隨便挑。起初她沒有什麼想法，看到好玩的單純地就想玩一次，我沒有制止她的「衝動」，只是小聲提示她：「玩了碰碰車，還有一次機會。你是否先看一看有什麼更好玩的？」她覺得「三」是一個很大的數字，也就不放在心上，對我的話「充耳不聞」。時間不長，三個遊樂項目就結束了，看她那表情，意猶未盡、戀戀不捨，「爸爸，讓我再玩一樣好嗎？這次讓我玩了，下次我可以少玩一項。」她用小女生撒嬌的口氣徵求我的意見。「我們之間的約定是什麼呢？」「可以玩三樣。」「你已經玩了幾樣啊？」「三樣。」「我們都遵守約定好不好？下次還有機會玩的。說到，做到！」「好吧！」沒有達到自己的目的，她難免有點遺憾。乘著離開的工夫，她邊走邊看公園裡的遊樂項目，思考著下次來公園哪些項目她可以玩，以避免今天的「尷尬」——沒有玩到更好玩的遊樂項目。等我再次帶她去公園，她變得聰明起來，並不著急馬上選擇一個項目玩，而是先「走馬觀花」看一遍，心裡默默盤算好先玩什麼後玩什麼後，才拉著我排隊買票，慢慢地形成了一種習慣，玩完三樣，她就不再在遊樂場逗留，不讓自己「觸景生情」。

記得有一次，她心血來潮，吵鬧著要買公主貼紙。天已黑下來，我牽著她的小手，一起下樓去文具店。「寶貝兒，你要買公主貼紙，如果沒有就不買了好不好？」她沒有作聲，我接著說：「要買貼紙可以，你必須自己走路，我不會抱你和背你。」

第三章 親子對對碰

她應了一聲,「好!」到了第一家文具店,我問店主:「有公主貼紙嗎?」「都在那兒了,你們自己翻,看有沒有?」女兒聽著店主的話馬上來了興致,在一堆貼紙裡翻看了起來,燈光有些昏暗,我只有彎下腰才能看仔細,女兒卻很投入,像尋寶的探險者一樣,不達目的誓不罷休。她翻完一遍,失落地說:「爸爸,沒有?」「要不,我們買一張米奇怎麼樣?」「再找一家,看有沒有?」她主動拉起我的手,拖拽著我往下一家文具店走去。不知道怎麼搞的,連續走了9家文具店,都沒有買到她夢寐以求的公主貼紙,「這下好了,不是爸爸不給你買,而是沒有?時間不早了,我們早點回家。」她靜靜聽著我說的話,還有些不甘心,「爸爸,我們再找一找,說不定就能買到。」我有點不耐煩,「可我們已經去了9家店了,都沒有你要的公主貼紙啊!早點回家,媽媽在催呢?」這時手機恰到好處地響起來,女兒跟在我後面,好像丟了心愛的玩具,腳步慢了下來,或許是走累的緣故,她一把從後面抱住我,「爸爸,我好累啊!」「要我背啊,我們怎麼說的?你不是答應我自己走嗎?」她已經走了半個多小時,我終究於心不忍,蹲下身讓她趴在我的背上,「把手抱緊我的脖子,走啦!」當再次走到第一家文具店的時候,她突然想起來什麼,「爸爸,你問一下叔叔,有沒有公主貼貼書?」我愣住了,「有區別嗎?」「有啊,貼紙是一張,書是一本。」這次她的願望沒有落空,還真有「公主貼貼書」,她的疲倦一掃而空,手捧著貼貼書在原地直接蹦起來,引得店主直側目。我拽了一下女兒的衣服,用雙手做著交警暫停的手勢,「淡定、淡定。」女兒的問題像泉水一樣冒出來,「爸爸,淡定在哪裡呀?」她順著我的手勢四處尋找不明物體。我忍不住,哈哈笑了起來,她竟有點莫名其妙。「爸爸,你笑什麼啊?你快點告訴我淡定在哪裡?」「不和你說笑了,淡定不是東西,是讓你保持安靜、鎮定的意思。」聽完,她恍然大悟,「也就是老師讓我們安靜的意思。」「沒錯兒,好了,

回家了。」我催促著她早點兒回家,因為遂了她的願,她跟在我的身後,繞著我邊轉邊上樓,十分有趣。

關於購物,我和女兒是有約定的,一次買幾件,花多少錢我說了算,買什麼款式她自己決定,我和妻子可以提出建議,供她參考。因此每次給她買東西,很少有心血來潮臨時決定的,大多數情況都是按計劃貨比三家後才下訂單。說起買夾子,就有點「有錢,任性」了。

下午放學,我發現女兒右手的小拳頭攥得緊緊的,不經意問:「寶貝兒,你右手拿的什麼東西,給我看看好嗎?」「不好,這是我的秘密!」「秘密?秘密可不能攥在手裡,否則你一張開手,它還不是被我看見了,也就不是秘密啦!」我欲擒故縱,她依舊捨不得給我看,「反正我不給你看,你就不知道是什麼?」「好了,我不問了,也不猜,好東西要和大家分享,我的挎包裡也有好東西。」我故意把「好東西」的語調拉長了說。女兒先下手為強,直接動手開始翻我的挎包,我一把把挎包搶過來,緊緊地摟在懷裡。「要看也可以,先讓我看你手裡的東西」。我使出「交易法」的撒手鐧,女兒實在拗不過,把右手攤開了,是一枚粉色的金屬髮卡。「漂亮吧!」女兒在我面前閃了一下,就把夾子放進自己的口袋裡,「你該讓我看看包裡有什麼東西吧!」「沒什麼,一瓶酸奶。」女兒有點大失所望,「我不想喝酸奶,還有什麼好吃的?」我故弄玄虛,「讓我找一找,變、變、變,還有什麼呢?」我用左手在女兒面前虛晃了幾下,右手迅速從包裡拿出來一根香蕉,快速遞到她面前,「你看這是什麼?」「香蕉!」女兒顯然不是被香蕉所吸引,是被我的手法所迷惑,「爸爸,告訴我香蕉哪來的?」「這是秘密?你先告訴我,髮夾哪來的?我沒有給你買過,是媽媽給你買的嗎?」「是我撿的。」「撿的?爸爸媽媽告訴你多少次,不是自己的東西,要上交給老師,說說吧,你打算怎麼做?」「爸爸,我很喜歡粉色夾子,要是我

第三章 親子對對碰

有這樣的夾子，該多好啊！」「可你也不能把撿到的夾子據為已有啊，你一定知道是誰丟的。撿了怎麼不還給人家。」她看瞞不住了，「是×××的，我想還給她的，這個時候才想起……」她支支吾吾擺明不想說是自己的錯。「明天記得交給老師。夾子嘛，爸爸可以考慮給你買幾個。」我表情嚴肅，拍了拍她的肩膀說。「好吧！你什麼時候給我買夾子？」聽說要購物，她巴不得我立即行動，承諾立馬兌現。「我答應過的事情哪一件沒有做到，放心，作業寫完，我們上網搜一搜看有合適的不？」「一言為定，不許反悔。」女兒把她撿夾子的事情拋到九霄雲外，跟沒事兒人似的，注意力一下子轉移到買夾子上。為了強調，買夾子和撿夾子是兩回事，我強調道：「寶貝兒，聽清楚了：撿夾子沒有及時還的行為是錯的，買夾子是因為你需要它，而不是買夾子是你還撿的夾子的條件。」我生怕她記不住，又重申了一遍，女兒沒有接話，我知道她聽進去了，正在琢磨我話裡的意思呢？那天，我頭腦一熱，把一家小店裡各種顏色的夾子一樣一個給她買了二十幾個，她享受了和享受著購物的樂趣，訂單支付成功她便開始倒計時快遞送達的時間。為此，我還被妻子批評：「你這樣做，可能慣壞了孩子。如果孩子以此行為來提要求，我們只是一味滿足，這種做法到頭來一定是在害她，為了達到目的可以不擇手段。」我倒吸了一口涼氣，「你說得對，我忽視了防微杜漸，下次一定和你好好商量。」這才作罷。

在我們的成長過程中會面對諸多選擇，父母為了避免我們遭到傷害，可以說事無鉅細幫我們做著謀劃，從讀幼兒園開始，一直到上什麼樣小學、中學、大學，找什麼樣的工作，談一場什麼樣的戀愛，爾後結婚生子，所以80後、90後的小夫妻很多情況下都是被動選擇。「不聽老人言，吃虧在眼前。」我們面對從未有過的新挑戰，常常無所適從，是因為我們缺乏自主選擇的經歷。無論是成功的經驗還是失敗的教訓，在年輕父母的青

春記憶裡都略顯蒼白。殊不知，相比保姆式的全託管「餵養」方式，我們的適應能力已悄然退化。即便機會出現在我們面前，我們因為缺乏選擇的智慧，而和「幸運之神」擦肩而過。

選擇真的並不複雜，做到接受無法改變的事情，有勇氣面對可以改變的事情就足夠。我給予女兒充分自由選擇的空間，不是因為自己未曾得到過的「心理補償」，而是因為她需要學會對自己的選擇負責，無論結果如何，都無怨無悔，遊樂場如是，購物亦如是。

曾經看到過一則報導，易中天為女兒選擇報考的大學時，他就是抽出寒暑假的時間，帶著女兒參觀一所所大學，讓女兒去感知大學校園的氛圍，最後尊重女兒做出的報讀哪所大學，學習什麼專業的決定。一路陪伴，作為父親用心良苦。

陪伴不是代替孩子做選擇，而是平等地討論，分享知識和觀點，讓孩子明白選擇的意義在於過程而非結果。孩子做選擇的時候，父母是教練，最終走上人生賽場的是孩子而不是父母，父母可以提供指導、引導和輔導，卻不能把自己的意願加諸在孩子的自由選擇之上！從這種意義上，選擇的價值是人格獨立的自信表達！

第二節　遊歷閬中古城

與自然親近是不是就是這樣一種狀態，和它面對面坐著，誰也不說話，彼此傾聽著心跳和呼吸，感受山風習習，泉水潺潺，松濤陣陣，鳥鳴啾啾，語言在這種情境下顯得多餘而蒼白。

又是一年月滿中秋。女兒上小學有一個月了，按照我和她

第三章 親子對對碰

之間的約定，當她得到 20 張獎券（包括老師、我和妻子發的），就獎勵她一次旅遊的機會。自從她積攢夠 20 張獎券，就念叨著我們帶她出去玩，對於外出遊玩，她是樂此不疲的。恰逢好友邀請，我們欣然帶她去閬中古城。

我早早預訂火車票，根據日程安排做著各項準備。想想她上幼兒園時外出的情形，難以名狀的「紛繁複雜」：吃的、穿的、用的、換的等一起要準備停當，如果遇上突發情況，那就是措手不及，讓你哭都哭不出來。上了小學，應該有長進了，最起碼尿不濕、奶瓶不用準備了，因為輕裝簡從，倍感放鬆。

出發前一個晚上，她在自己的雜物堆裡拾掇玩具，好奇地問：「爸爸，我們要去劉阿姨、馮叔叔家，他們都有小寶寶吧，我要送他們一些禮物，你快來幫幫我，送什麼好啊？」「劉阿姨的兒子比你小兩歲，馮叔叔的女兒比你小三歲，把你上幼兒園時的課外讀物挑幾本送給他們好不好？」「他們都比我小啊，那我不是大姐姐？」她想不通居然還有人比她小那麼多，得意揚揚地對我說。「是啊，所以你要做他們的榜樣啊！」「為什麼我要做他們的榜樣啊？」「因為你是小學生了，你比他們大，他們要向你學習，你當然是他們的榜樣了。」「榜樣是什麼意思？」「簡單說，就是學習的對象。」我們邊聊邊找著可以送出去的繪本。女兒喜歡在樹上亂寫亂畫，一大堆兒書勉勉強強選出了四本書。「我說怎麼著，叫你好好愛惜書來，你可倒好，讀書像吃書，書沒有讀完，卻稀稀拉拉沒剩下幾頁，還說留給你舅舅家的寶寶看，人家翻開一看，咦，這哪是書啊，分明……」我還沒有說完分明後面的話，就被女兒打斷了：「爸爸，你說話沒禮貌，我送書給小朋友，你還這樣說我？」她的眼淚說著就湧出來，哇的一聲哭起來。「我只是就事實談事實，也沒有說你什麼。哭什麼，哭就有道理了？」我有點生氣，剛想說「簡直不可理喻」，看著她傷心的樣子，又把話咽了回去。「好了，不哭了，以前就

這樣了，往後不能再犯同樣的錯。書也是有生命的，你想想，如果你的胳膊呀、腿呀，受傷了還找不到了，臉上還被開了個窗戶，醜不醜啊！」「你給我好好說，我會聽的。」對於認識到錯誤的話卻隻字不提，要讓女兒主動認錯，不曉之以理動之以情是很難做到的。聽到我勸她，她這會兒借坡下驢，抹抹鼻子，擦擦眼淚，破涕為笑。

閬中古城如傳說中風姿綽約，登山和遊古街是必不可少的兩大項目。好友是土生土長的閬中本地人，對於古城的歷史淵源和風土人情如數家珍，一天的遊玩時間安排得比較緊湊。

吃過早飯，我們一行六人在細細密密的雨中選擇徒步登明代白塔，拾級而上。行至半山腰，女兒停了下來，她蹲下身在觀察著什麼，「爸爸，你看好多小蝸牛啊！」我三步並作兩步，走到她旁邊，見到蝸牛三五成群地在臺階上緩慢地爬行著，對女兒說：「今天的雨，讓蝸牛感覺有些不舒服，你看他們探頭探腦，實際上是在呼吸新鮮空氣呢？」女兒若有所思：「爸爸，它們在臺階上爬很危險，不小心會被踩死的。」「你說得很對，讓我們來幫幫它們，好不好？」「怎麼幫啊？爸爸，我知道了，幫它們搬家。」我和女兒一起蹲下來，小心翼翼地把蝸牛捏起來，輕輕地放到一旁去，一只，兩只……好友一家三口也加入了進來。一盞茶的工夫，我們就幫蝸牛在臺階兩旁安了「家」，女兒高喊起來：「小蝸牛有新家了，我不用擔心它們的安全啦！」看著她滿滿的「成就感」，我們都笑了起來。

她來了興頭兒，牽著好友的女兒，衝到我們的前面，每到一個平臺，就停下來，對我們招手：「媽媽，你快來追我們呀！」等我們好不容易上了那個平臺，她們兩個小朋友又一溜菸兒地跑上另一個平臺，渾身有使不完的勁兒，我一路追過去，時間不長，就已經氣喘吁吁，她轉而對我呼喚：「爸爸，你好慢啊，像一只大蝸牛。」「咯咯咯」一連串的笑聲把自己逗得前仰後合，

第三章 親子對對碰

趁著這空當兒,我連跨幾層臺階,「衝」到她面前,大口喘著粗氣,「注意安全,不能脫離大部隊。」她見這架勢,止住笑聲,彎著頭打量著我,看我有些「狼狽」的表情,忍不住又笑了起來。不覺來到塔腳下,仰望白塔,共有十三層,通身布滿白灰,在雨中顯得越發挺拔。「要不要登塔啊!」「要」女兒牽著我的手,就要往塔洞裡走。「等一下,我們讀完介紹,再上去也不遲。」我把女兒拉到一塊介紹銘牌前,念起來:「建於明代末期,共十三層,高二十九米,外十二層,內六層並有螺旋梯道九十一級……」還沒有等我念完,女兒就掙脫我的手,拖著妻子徑直向塔的入口處跑過去。「慢點,注意安全!」我發現今天這六個字成了我的口頭禪,除了提醒女兒注意安全,我還能為她做些什麼呢?飄忽間,我覺得女兒好像長大了,她不再是那個勾著我胳膊蕩秋千的「小猴子」,也不再坐在的脖子上,抱著我的頭,讓我把她舉得高一點,再高一點的「小精靈」,而我還沒有做好思想準備,依舊像一只老母雞,把她攏在我的翅膀下,擔心她受到那麼一點點的傷害。

塔裡面的空間很狹小,兩個成人都很難並肩而行。如果遇到有人從上面下來,下面上去的人只能側身甚至要退回到一個相對寬敞的所在,才可以勉強同行,身材瘦小反倒不受掣肘,一路暢通無阻。我跌跌撞撞好容易登上頂層,背上的衣服完全濕透了,已搞不清楚是雨淋濕的還是汗水浸濕的,我把女兒摟在懷裡,順著西北方向眺望遠方,薄霧冥冥,細雨蒙蒙,一切籠罩在濕漉漉的蒸霧中,仿佛置身仙境,凌空駕雲。

「爸爸,什麼也看不到啊?」「是啊,如果是晴天,你就可以看到嘉陵江水了!」

「爸爸,下一次我們一定選個晴天再來,你說好不好?」我沒有直接回答她,「要我答應你的話,你必須答應我一個條件。」「什麼條件?」「條件就是不能再一個人跑上來,你知不知道這樣

很危險啊？」「我走上來，可不可以？」「不行！脫離我和媽媽的視線，萬一走丟了，怎麼辦？」「那你也要答應我一個條件？」「你也有條件啊？說說看，我能否做到。」「爸爸，不是我太快了，而是你太慢了，你回家要減肥。」「有道理，我們拉鉤，誰也不許反悔！」

　　時間從指尖一點一滴地流走，從白塔上下來，我們馬不停蹄參拜大佛寺，兩個小女孩兒依舊牽著手，走在我們四個成年人的前面，做起了「先鋒」。小孩子的注意力不在對建築歷史的陳述上，也不在如織人流的腳步裡，而在尋找著鮮豔的花朵和翠綠的枝葉上。當大人參拜時，她們抑或模仿抑或自創，用自己的方式表達虔誠。她們最熱衷的事情便是把錢幣投入功德箱後就跑出大殿，自個兒尋找紅花綠葉去了。她們跑來跑去，跳來跳去，給寧靜的寺廟增添了些許久違的歡暢，對於她們來說，生活是鮮活的，沒有那麼多的繁文縟節，心底清澈，純真簡潔。

　　大佛寺有幾處的臺階看上去竟有近60度的傾角，我心裡升騰起一絲畏懼，「恐高」讓我心跳加速，不敢回頭看走過的臺階，仿佛抓住救命稻草，牢牢地拉住鐵鏈，一步一挪，像一隻笨拙的蝸牛艱難地向上攀爬。女兒竟毫無畏懼，鼓足勇氣爭上游，一眨眼就從我身後趕超了上去，我竟然喪失了想牽她上去的衝動，肌肉緊張，連呼吸也變得急促，想說點什麼大腦卻一片空白。「上去還要下來的。」我喃喃自語，萌生退意，放棄也沒有什麼大不了的，自我解嘲的念頭一閃而過，女兒的聲音在山間響起：「爸爸，快上來，我在上面等你！」一句話把我的念頭一掃而光。在女兒的心目中，爸爸像神話傳說中超級無敵的戰士，沒有什麼事情可以難道他們，他們勇敢智慧，他們仁慈善良，小朋友說起自己的爸爸，莫不是自豪之情溢於言表。我無論如何不能給女兒留下「慫」的印象，大學時代我也曾攀爬過近乎直立的絕壁，那時候為什麼不懼「高險」？是心理在作

第三章 親子對對碰

怪，限制性的觀念束縛著我。「爸爸，加油！爸爸，加油！」我仿佛聽到了女兒的吶喊聲，呼吸也逐漸平穩下來，我不再去想可能脫手帶來的種種後果，把注意力聚焦到腳下濕滑的臺階上，女兒的鞋相比我的運動鞋，踩在臺階上更容易打滑，我剛放鬆的心又緊繃起來，「萬一」，我不敢想萬一後面會發生什麼，「沒有萬一，只有一萬！」我深吸了一口氣，看著女兒弱小的背景，心裡想：「放心吧，寶貝兒，有爸爸在你背後，你只管大膽地向上爬，我會保護你的！」閃念間我的恐懼感消失得無影無蹤，接下來攀爬的速度也大幅度提高，我刻意與女兒保持一小段兒距離，既不讓她發現我，又可以保護她。我們先後爬上頂層的天臺，我如釋重負，如行者經過艱苦的跋涉，在沙漠中找尋到美麗的綠洲，大喜過望，不亞於完成一項極具挑戰性的任務，讓我興奮不已。

女兒上幼兒園的時候，妻子曾帶她登過青城山，「上山容易下山難」，青城山的臺階傾角雖不大，但要登頂卻很難，很多成年人會選擇在山上住一夜再下山。女兒兩次登青城山都是當天來回，登山的時候基本不讓我們協助。陪伴孩子成長的道路上，女兒用她無言的行動給予我靈魂深處的饕餮盛宴，我也體驗鳳凰涅槃，浴火重生的心路歷程，我對「曾經的擁有就是幸福」有了更深一層的理解，誰說它不是陪伴帶給我的意外驚喜？

我們離開大佛寺的時候已臨近中午。閬中古城，有兩千多年的歷史，在浩如星空的古代文明中像晨星熠熠生輝。到閬中，不入古城就如到了八達嶺不上長城一樣，說起來都是一種難以彌補的「缺憾」。我對古城、古鎮有種天然的難以割捨的情感，每到一地，但凡有機會，我一定會造訪當地的古城、古鎮。無論她是破敗還是興盛，你都可以讀出崢嶸歲月，人生蹉跎的「憂愁」。古城、古鎮之「古」不在建築的老舊或者「做舊」，而在於古鎮人的生活狀態，是否原汁原味原生態；不在商鋪林

立賣家環伺，而在於售賣之物是否是古鎮所獨有；不在人頭攢動帶來的門票收入，而在於創造「遊」開闊視野的良好體驗。從這個角度說，古城古鎮不「古」已經很久了。

　　隨著「嘭」的一聲悶響，熱氣騰騰的爆米花出鍋了，她拉著我的衣角，「爸爸，我想看一看爆米花是怎麼做的，我沒有看到過啊！」「這是爸爸小時候最愛吃的零食。爸爸生活的村子裡每逢初九、十九、二十九，就會有賣爆米花的現做現賣。那時候，我們需要自己端上玉米籽，一鍋還要給五分錢呢？」「五分錢？爸爸，我沒有見過啊。你快點講給我聽怎麼做爆米花啊！」我蹲下來，讓女兒坐在我的右腿上，「五分錢早就不用了，現在人民幣最小的是一角錢。」說完我用左手指著鍋具對爆米花的分解步驟進行詳細解釋，「那是鍋具，一會師傅會把玉米籽或者大米放進鍋裡，還會放上糖，然後轉動鍋一端的壓力杆把鍋密封好，你看鍋上安有壓力表，師傅根據壓力的大小和時間來判斷什麼時候可以出鍋。」師傅似乎聽到了我的話兒，有意在女兒面前炫「技術」，在我面前熟練完成著裝填、密封等動作，然後把鍋具放到支架上。「下面師傅會轉動把柄，啟動鼓風機，然後加煤炭，用熱力為鍋具加壓，這跟高壓鍋的原理是一樣的，有壓力有溫度，玉米籽就會受熱膨脹，五到十分鐘，就會膨脹，不過還要有個突然減壓的程序，玉米籽就會炸開了。」女兒聽得認真，問題不少，我邊說邊答。她指著一個長長的用編織袋拼接成的筒狀物體問我，「爸爸，那個東西是什麼呀？它是用來做什麼的呀？」「我想想，那個東西叫什麼爸爸還真不清楚，它是用來盛爆米花的。時間到了，師傅會給鍋具直接解除壓力，如果沒有筒接著，爆米花就會變成天女散花。突然解壓的瞬間是很危險的，所以千萬不能對著人，壓力太高的話可能會爆炸的！家裡高壓鍋的壓力閥不能隨便亂動，上次你趙阿姨不小心拿掉壓力閥就被燙傷了。」幾分鐘的時間變得漫長，我已經變換了幾

第三章 親子對對碰

個姿勢，這一鍋還沒有出鍋，師傅是在考驗我們的耐心，女兒不停地問，什麼時間出鍋啊！看得出來，我做的精彩鋪墊起了作用，她急切地想看到解壓瞬間產生的巨大衝擊力。師傅終於停止了轉動，把鍋具提起來，固定好，讓鍋具的開口對準筒子，突然撬開壓力開關，「嘭」的響聲再次響徹小廣場，有幾個年輕人被吸引過來，你買一袋，我買一袋，一鍋爆米花很快就賣掉大半。女兒的饞蟲被勾起來，她咽了咽嗓子，那意思是說，爸爸，我也想吃。她還沒來得及開口說話，我恰好擰開蓋子，把水杯遞到她的嘴邊，「咕咚咕咚」，她一口氣喝了大半杯。「媽媽走到前面去了，我們快點走。」不由分說，要拉著她向古城大街走去。「爸爸，我想吃，你給我買啊！」女兒站在原地，沒有想離開的意思。「爆米花是火東西，吃了容易上火，流鼻血！」我沒有恐嚇女兒的想法，講的本身就是事實，她只要吃了炸烤的食物，口氣變得不清新，流鼻血也是常有的事。「媽媽不讓我吃火東西，好吧！我不吃了。」

雖已過午，依舊人頭攢動，熙熙攘攘。邁步在古城的街道上，女兒東看看西瞧瞧，像劉姥姥進大觀園，目不暇接，真被她發現了不少新鮮的玩意兒。閬中以醋聞名，很多店鋪都是專賣閬中醋的，為了招徠生意，店門口擺著小磨盤，加工好的醋液伴著磨盤的轉動，從開口處流出來，散發著醋液特有的氣味。女兒不時停下來，用鼻子聞一聞，「好酸啊！」忍不住想動手去觸摸流淌出來的醋液，剛伸出手，看到店主制止的表情又把手縮了回來。如此幾次，她也就司空見慣了。

「咔、咔、咔」的聲音再次吸引她側目觀看，「爸爸，你看小蛋糕！」女兒人小，看不到生產的過程，高興得跳起來，一竄一竄的就像袋鼠原地踏步。「爸爸，把我抱起來，我要看！」這是一家現做現賣的糕點店，主要做核桃餅和小蛋糕。店裡有一套「自動化」加工設備，店員將蛋糕的配料倒進一個漏斗樣的

容器裡，啟動按鈕，模具就依次流動到容器出口處，按照設定好的大小裝載好原材料，進入到加熱環節，在電烤爐裡等待三五分鐘，即進入包裝環節。女兒看得出神，「爸爸，太神奇了！它們好聽話啊，看上去長得大小都一樣，太好玩啦！」「這是流水線作業，每道工序只需完成規定動作，就可以大大地提高效率。做簡單重複的工作，機器更有優勢。」「爸爸，你說的我聽不懂。」「也就是把做蛋糕的動作分解，過去是人工做，現在是機器。就這麼簡單。」「爸爸，還是沒聽懂。」「沒關係，有個印象就可以了，以後你再大一點，爸爸再詳細告訴你是怎麼一回事。」女兒的提問讓我備感與孩子溝通的壓力，深入淺出的確不是一件容易的事情。書到用時方恨少，要解答女兒的問題，還需要不斷做足功課啊！

　　我常常想，與自然親近是不是就是這樣一種狀態，和它面對面坐著，誰也不說話，彼此傾聽著心跳和呼吸，感受山風習習、泉水潺潺、松濤陣陣、鳥鳴啾啾，語言在這種情境下顯得多餘而蒼白。人與自然的和諧共處其實並不難，只要我們不一窩蜂地擁進去，像趕場似的腳步匆匆，肆意揮灑自己的「激情」，登高望遠，豁然開朗的心境你一定有機會置身其中。反其道而行之，距離是近了，心卻遠了。

第三節　職業體驗

　　我們和孩子生活在同一個世界裡，卻在不同的時空中扮演著各自的角色。讓孩子瞭解父母的職業環境，體驗感興趣的職業，不僅可以拉近親子間的距離，更重要的是相互理解。

第三章 親子對對碰

　　蓉城的11月，已經能夠觸摸到濕冷的感覺，遊客如潮水般退去，讓這座旅遊城市恢復了閒適的節奏。霧蒙蒙的天，仿佛告訴人們即將進入難捱的季節。連陽光也變得吝嗇，舍不得多停留片刻，在下午四點鐘以後便像「閃客」一樣神出鬼沒。

　　收到圖形藝術系建系十年慶典活動的邀請，我思忖著帶妻子和女兒一起出席，讓孩子近距離地瞭解我講課的地方。當我告訴她們我的決定，女兒開心地叫起來，「好啊，好啊！我要去，爸爸！」「可以，前提是你要按時完成作業，週末我們一起去參加。」女兒的臉兒瞬間晴轉多雲。寫作業，對孩子來說不像游戲那樣有趣，可以滿足好奇心。「玩」是孩子的天性，我盡可能讓「玩」變得單純，不要附加那麼多條件和前提，竭盡全力不給孩子的「玩」再布置寫日記之類的額外任務，學校規定的作業就沒有更多的回旋餘地了。「你可以先去，回來再寫作業或者寫完作業再去，我的建議是寫完作業再去，你自己決定。」她想了想，「好吧！不過你要看著我寫作業。」「我答應你！動作迅速，分秒必爭。」我握起拳頭輕輕地和女兒的小拳頭碰了碰，以示達成約定。有了目標，女兒寫作業的效率明顯提高，在出發前完成了家庭作業。

　　我有意讓女兒體會我「上班」的辛苦，先坐地鐵再轉乘公交，用了一個多小時才到達圖形藝術系的慶典地點。慶典的主體部分是「圖藝十年」師生作品展，分會場設計了內容豐富的互動游戲，圖片展和親子游戲就是其中兩個環節。我和妻子帶著女兒先參觀作品展，恰好展覽的主體布展是由我教過的學生完成的，他們大多在現場向參觀者介紹設計的構思，讓展覽增添了不少亮點。女兒踮起腳尖、伸長脖子，搜尋著她感興趣的作品。我先是把她抱起來，讓她能夠零距離欣賞掛在牆上的作品，她不斷發出「好漂亮啊！」的感嘆「爸爸，這是什麼做的呀？」我順著她手指的方向，挪動到向下一幅作品，還好展覽還

沒有正式開始,只有一些工作人員在中間穿梭,許多學生見到我都會問候一聲「老師好!」我能叫出來名字的,學生會露出來驚訝的表情,連女兒的情緒也被調動起來,「爸爸,你有多少學生啊?我們班才49個人。」「爸爸也沒有數過,這個系應該有200人左右吧。」「好多啊!」「等你上了大學,也會認識更多的朋友的!」

女兒對於立體作品更感好奇,她完全陶醉其中,一會兒用手撥弄著風鈴,一會兒用鼻子聞一聞花草,一會兒站在作品中間擺著各種「POSE」,儼然是真正的主角兒。「快,叫陳阿姨!」我一個學生迎面而來,聽到我這樣說,學生反倒不好意思,臉紅了。妻子解圍道:「喊陳姐姐。」女兒看了看妻子,剛想喊「阿姨好!」聽妻子讓她喊「姐姐」,突然間怔住了。倒是學生靈機一動,「小妹妹真漂亮,姐姐送你副摩登眼鏡!」她把她們布展的小道具送給女兒,女兒接過沒有鏡片的眼鏡戴在鼻子上,做了個擠眉弄眼的鬼臉,十分滑稽可笑,逗得大家樂了起來,她也自鳴得意跟著發出爽朗的笑聲。

圖片展再現了圖形藝術系十年間走過的歷程,用鏡頭凝固了許多精彩瞬間。主辦方獨具匠心,規定只要有自己鏡頭的照片就可以取走。因此相比作品展的展廳,這裡人聲鼎沸,人們說笑著,講述著照片背後的故事。女兒被這種氣氛所感染,好奇地問:「爸爸,這裡有你的照片嗎?」「或許有吧!我們找找看。」我們走了一圈,沒發現,又走了一圈,還是沒找到,女兒顯得有點失望:「爸爸,怎麼沒有你的照片呢?」「因為爸爸是週末給學生上課,他們記錄的是工作日的情景。」我解釋到。「那也可以在你上課的時候照啊?」「週末叔叔、阿姨都要休息的。爸爸怎麼好麻煩他們來給爸爸照相呢?你來這裡,不是已經看到爸爸上課的地方是什麼樣的了嘛,這就夠了,你說呢?」她點點頭,「爸爸,我給你照張相吧!」「好,你的提議不錯!」當女

第三章 親子對對碰

兒有模有樣舉起相機,「咔嚓咔嚓」連拍的時候,我的心裡油然而生一種幸福的感覺。

我也曾讓女兒參加過兩次「職業體驗」,第一次是我帶她全程參與的,她先後體驗了警察、急救醫生、牙醫、製作巧克力、妙手串珠和美甲師等職業角色。因為體驗時間的限定,必須安排好行程。不同於大多數小朋友體驗職業角色更側重於獲得「比如幣」,女兒的計劃是先通過勞動獲取一定數量的「比如幣」,然後再選擇消費項目。「妙手串珠」和「製作巧克力」屬於消費項目,要花費 10～30 個比如幣,參與的時間相對比較靈活,受到的限制也會少一些。

女兒對動手操作類的項目有著濃厚的興趣。「妙手串珠」,就是把玻璃罐裡五顏六色的塑料珠子用絲線穿起來,顏色可以自由搭配,正迎合了她的喜好。花花綠綠的色彩,在她眼中充滿了無限遐想,她覺得那就是「創意」。在認真聽完老師的講解之後,她開始動手完成自己認為的獨一無二的作品,因為沒有時間的限制,她先瀏覽了一下罐子裡珠子的顏色,把喜歡的顏色挑揀出來備用,接著用穿線器把絲線的一端固定好,把排列好順序的珠子依次穿過,動作由慢到快,不一會兒一條小手鏈就穿成了。在老師的幫助下,她在接頭處打了一個美麗的「蝴蝶結」,她把「作品」拿在手上,一邊端詳一邊撫摸,捨不得戴在手腕上,她那愛不釋手的神態惹得兩位老師都跟著羨慕不已:「小妹妹,送給老師好不好?手鏈好漂亮啊!」她捧出去又收回來,「寶貝兒,你是送還是不送呢?」「送!」聽得出來她經過了一番心理鬥爭,礙於老師的情面說得很勉強。「小妹妹,老師幫你戴在手上,好不好!」「好!」她有點兒不好意思,還是把小手伸了出去,當手鏈套在左手手腕上,她好像喝醉了酒,整個人都飄起來了,「爸爸,你看,你看,好漂亮啊!」「是很漂亮,這是你辛勤勞動的成果,難怪看上去這麼美!」她聽到我的讚揚,

竟繞著我轉起圈兒來。

　　女兒對於巧克力情有獨鐘，在嘗過家裡各種口味的巧克力之後，親手做巧克力成為她夢寐以求的一件事。恰好有天晚上我們一起看《全球十大美食》的紀錄片，好時巧克力的製作流程讓她著迷，她一再請求我要帶她去製作巧克力。今天一看到有「製作巧克力」的工作間，她就挪不動腳，「爸爸，可以做巧克力啊！我要做，我要做！」「沒問題，滿足你的願望。」我刮了一下她的鼻子。她從自己的小拐包裡拿出來20個比如幣，交給老師，坐下來靜靜地等待工作間開始營業的時間。隨著推拉門的開啟，孩子們一窩蜂似的擠了進去，老師要求他們排好隊，給每人發放帽子、口罩和圍裙。洗手完畢後孩子們站到自己的工作臺前，聽老師講解製作流程和注意事項，在看完老師的示範製作後，孩子們已躁動起來，躍躍欲試。在領取了原材料之後，孩子們都迫不及待地要一展身手。只要把原料按比例配置好，將液體倒進模具，在低溫下放置一刻鐘就可以製作出巧克力。也許是成本控制的要求吧，每個孩子只能製作2個巧克力，女兒在陌生環境中顯得一點兒都不拘謹，她主動向老師申請了「星星」和「愛心」形狀的模具，製作的時候，專注的神情加上標準職業裝，好像是巧克力製作師的兒童版，可愛極了。當她心滿意足地把做好的巧克力拿在手上，我三步並作兩步，可憐巴巴地說：「寶貝兒，你的巧克力讓我吃一塊好嗎？」「好東西要和大家分享，我想把巧克力拿回家和外公、外婆、媽媽一起吃。」女兒給出了我無法抗拒的理由。「你做的是鮮巧克力，不耐高溫的，拿到家裡一準兒就要化了。」「我把它放在保溫杯裡，就不會化了。」她擰開保溫杯裡的蓋子，把裡面的水咕咚咕咚地喝了幾大口，晃晃杯子，然後遞給我，「爸爸，你把杯子裡的水喝完，好不好？」「不好。天氣有點熱，你要多喝水啊，我喝完了，你喝什麼？回家還要近一個小時，爸爸不喝。」女兒又把杯

第三章 親子對對碰

子裡的水喝了兩口,「爸爸,我實在喝不下去了,你幫幫我。」看著她佯裝痛苦的表情,我接過杯子,把裡面的水倒進我帶的水壺裡,遞給她空的杯子。她責怪我說:「爸爸,你怎麼不早點告訴我,可以倒進壺裡呢?害得我喝了那麼多水。」「說明你缺水,我不這樣做,你會好好喝水嗎?」「那你也可以告訴我啊!」她跟我講起理來。「好了,你還裝不裝巧克力,要不,我把壺裡的水倒進杯子裡?」「不行」她把杯子緊緊地抱在懷裡,然後把巧克力放了進去。「寶貝兒,你拿水壺,爸爸拿水杯好不好?」「不好!」她一口回絕我,把杯子放進自己的挎包裡,拉上了拉鏈。正好有朋友路過,我和女兒可以搭順風車回家。在車上,女兒向朋友分享了串手鏈和做巧克力的精彩過程,「寶貝兒,我能品嘗你做的巧克力嗎?」女兒雖不舍,還是大方地拿出來一塊,剝開外面的包裝紙,塞進朋友的嘴裡,好奇地問:「阿姨,好吃嗎?」「好吃,阿姨是第一次吃鮮巧克力,很好吃啊!」聽著朋友的話,女兒的饞蟲被勾了出來,不自覺把剩下的巧克力從杯子裡倒出來,放在手心裡,「爸爸,巧克力好像開始化了。」「是嗎?可能是保溫杯先前裝熱水的緣故,看樣子拿不回家了,你吃了吧!」聽到我的提議,女兒再也忍受不了巧克力甜絲絲的「誘惑」,更何況是她自己辛勤勞動的「結晶」。她屏住呼吸,擔心自己的呼吸加速巧克力的融化,把手張開,將巧克力置於掌心,用鼻子靠近聞了聞,深吸一口氣,那意思是在和巧克力告別,「我要吃你了,真的要吃你了,這次不開玩笑。」她自言自語,仿佛在舉行完上述的儀式之後,吃巧克力才顯得有情調似的。她用舌尖舔了舔巧克力的表面,把舌尖在嘴唇周圍打了幾轉,抿了抿嘴唇,意味深長地說:「味道好極了!」「給爸爸嘗一口。」我看得眼饞,「爸爸,就這麼一小點兒,都不夠我吃的。」「你不是說好東西要和大家分享的嗎?」「我已經和阿姨分享了啊?阿姨,你說是不是?」好友聽完,哈哈大笑:「寶貝說

得對，下次再和爸爸分享吧！」我對女兒做了一個無可奈何的「鬼臉」，「下次記得啊！」女兒看著我的怪表情，咯咯咯地笑起來。

之所以讓女兒瞭解我工作的環境，是想讓她有一種感性的認知：原來爸爸的工作是這樣的！和她所看到的小學老師的工作大相徑庭，除了我面對的是成年的學生外，整個校園的文化氛圍也讓她覺得新鮮。父母對工作的尊重和熱愛可以在無聲無息中傳遞給孩子，讓她明白工作不僅僅是謀生的手段，更是實現個人社會價值的舞臺。這樣孩子就會淡化職業分工的高低貴賤，學會尊重和熱愛工作，這不是我們希望孩子做到的嗎？

第四節　一個人的旅程

當女兒推著拉杆箱，在陪伴員的引導下，獨自通過安檢的時候，我渴望她回頭跟我和妻子招招手，我們通過層層玻璃去張望她的時候，她留給我們的是漸行漸遠的身影，由此開始無成人陪伴的旅途……

那時女兒剛滿月，我還在為創業的事情東奔西跑，在一段時間裡，連按時回家都成了「奢望」。為了讓女兒得到更好的照料和營養，妻子決定帶她去外婆家住一段日子，於是她在媽媽的懷抱裡第一次體驗了空中旅行。據妻子講，她很快適應了機上的生活，在兩個多小時的時間裡，除了睡覺、喝奶之外，她對於周圍的人也表現出濃厚的興趣，無意識地表達著自己的「友好」，讓枯燥乏味的機艙平添了幾分快樂。

以後，隨坐飛機的次數多起來，女兒對於機場、飛機、空中乘務員等事物不再陌生，我和妻子有意想讓她在沒有成人陪

第三章 親子對對碰

伴的情況下，獨立完成一段航程，但是不確定她幾歲才可以付諸實施，也就沒有跟女兒說起一個人坐飛機的事情。

2014年的暑假，當姨媽家的小姐姐一個人從南昌飛抵成都，眉飛色舞地告訴她旅途的種種見聞時，女兒聽得如醉如痴，跟在小姐姐的身後不停地問這問那，除了羨慕之情外，表現得躍躍欲試，我和妻子還是拿不準她行不行，畢竟小姐姐年長她兩歲，8歲的孩子可以，6歲的孩子行不行呢？

「寶貝兒，今年寒假你一個人去外婆家，敢不敢？」她先是一怔，肯定是沒想到我會這樣問她，「姐姐可以，我也可以。」「我問你敢不敢，不是可以還是不可以？敢不敢是勇氣，可以還是不可以要諮詢航空公司。」「我要是碰到壞人該怎麼辦呢？」自從學了安全防範的課程，女兒對於「遇到壞人」之類的事情變得很警覺。「飛機上有空姐，她會幫助你的？」「那誰來接我呢？萬一接不到我，該怎麼辦呢？」「你想誰來接你？」「姨夫爸爸來接我最好了，他可以保護我呀？」「如果姨夫爸爸有事情來不了，誰來接你呢？」「阿婆來接我！」語氣斬釘截鐵。

女兒是外婆帶大的，對於外婆有一種特殊的情感，說起家裡面最喜歡誰的時候，她不假思索脫口而出：「阿婆！」惹得外公直眼熱：「寶貝兒，你喜不喜歡阿公啊？」「喜歡，但我更喜歡阿婆！」「你讓阿公帶你還是阿婆帶你？」「阿婆！」「阿婆，有事情來不了呢？」女兒想了想，「阿公。」「你讓阿公帶你，還不喜歡阿公，阿公聽你這樣說很難過。」「我又沒有說不喜歡你，我更喜歡阿婆帶，最好你和阿婆一起帶我！」說起話來滴水不漏，倒顯得外公小氣。

在那個暑假裡，妻子帶她和小姐姐體驗了一回「空姐」的工作內容，在仿真機艙裡，她們按照指令訓練安全提示、餐點服務等，她對於空姐的職業有了更深一步的瞭解，回來問我：「爸爸，空姐要做好多事情啊！她們工作一天還是很辛苦的！」

083

「任何事情只要變成一份職業，就沒有浪漫可言，如果沒有事業心，不光是身體上累，心理上也會苦的。」女兒似懂非懂，「爸爸，你說的我聽不懂啊！」「聽不懂很正常，爸爸是想告訴你，你只是體驗了一天就覺得辛苦，空姐每天都在做辛不辛苦呢？」「辛苦。」「這就對了，你做一天是興趣，他們天天做就是職業了。」「是這個意思啊！」小姐姐插話說：「姨夫，我以前的理想是做空姐，覺得他們身材好又漂亮，沒想到工作這麼累，我再也不想做空姐了！」「有理想是好事情啊，理想和現實畢竟是有差距的，實現理想就要腳踏實地，累是很正常的反應啊，不累說明你沒有投入啊！」小姐姐聽了直吐舌頭，好像自己說錯話了。「你說得沒錯，首先要敢於表達自己的想法，怎麼想的就這麼說，沒有對錯。就像你剛上一年級，老師問你的理想是什麼，你還記得怎麼回答的嗎？」小姐姐想了想，「姨夫，我記不得了。」「你們多半說要做科學家、音樂家。隨著懂的知識多起來，大家發現做科學家、音樂家太辛苦了，一點兒都不好玩，慢慢地就忘了自己小時候的理想了。你說因為辛苦、累放棄理想多可惜啊，除非它不是你真正想要的！」小姐姐點了點頭，若有所思，「姨夫那什麼才是我們真正想要的？」我一看，簡單的問題要複雜化，就對他們兩個人說：「今天就先講到這吧，再過幾年，我們再討論這個問題好不好？」此刻，他們儼然成了我的學生。「你們說什麼呢，這麼熱鬧，時間不早，該吃晚飯了。」妻子的話幫我打了圓場。

　　是啊，因為我們無暇洞察孩子們言談舉止背後的動機，也很難深入解讀他們無意透露給我們的信息。我們往往依據自己過去的經驗做出判斷，無形中扼殺了孩子的好奇心，孩子可能會成為什麼樣子？一直以來困擾著我，除了「確定」這是一個沒有確切答案的問題，我所能做的就是盡最大的努力為孩子創造寬鬆的成長環境，讓他有智慧面對自己的未來。我們誰也不

第三章 親子對對碰

知道明天會發生什麼，就把眼前的事情做好吧！孩子一定「能」！

放寒假的日子近了，我舊話重提，女兒這次淡定了許多，「爸爸，姐姐敢，我也敢！」「說說看，之前為什麼不敢？這下反而敢了？」「我上小學了，懂了好多安全知識，遇到壞人我知道怎麼做，我不會害怕的！」女兒握緊拳頭，揮了兩下。「那你說，遇到壞人怎麼辦？」「第一我會請空姐幫忙，第二我會大聲呼叫，第三我會……」女兒擺出來跆拳道「格鬥式準備」的姿勢，「會什麼？」「我會三飛踢，就把壞人嚇跑了！」「爸爸覺得你還小，要長到小姐姐那麼大才可以。」「爸爸，我能行的！」「好，我們諮詢一下航空公司，看你符合規定不？」「好啊，好啊！」女兒從地上屈膝跳到席夢思床上，在家裡玩起了「蹦床」遊戲。

預訂好機票，女兒也進入了期末考試的倒計時。備考的日子緊張且忙碌，放假後的安排成了那段時間我和女兒討論最多的話題，算是幫她緩解壓力吧！想想考試結束後即將開始愉快的假期，備考仿佛黎明前最黑暗的時刻，而考試就是第一縷曙光，經歷了一個學期五個多月的漫長等待，紅日終於在地平線噴薄而出，該是多麼讓人振奮的事情啊！

人生有很多「第一次」，因為它是青澀的又是甜美的，是酸楚的又是喜悅的，才讓我們刻骨銘心。在短時間內，第一次考試和第一次無家長陪伴接踵而來，對於她來說都充滿著考驗。我允許她犯錯，對於「錯誤」的學習可以讓她找到兩者的差異，以積極的心態面對得與失、成和敗，這是成長過程中不可或缺的。我們希望孩子少走彎路或者不走彎路，這通常是一種美好的願望，可望而不可即。

因為是她一個人走，所以行李是經過精確計算的，以確保她能獨自帶著行李登機。在收拾行李時，女兒對於我的建議沒有選擇言聽計從，而是自己把要帶走的物品像開私人物品展覽

陪伴

似的，在床上鋪陳開來，有衣服、零食和要閱讀的圖書。「愛美之心人皆有之」。女兒心裡盤算著要帶那幾件衣服走，玩起了「乾坤大挪移」，就差沒把壓箱底的衣服翻出來。可以想像她多麼希望自己驚艷出場，如出水芙蓉，卓爾不凡。無奈箱子的空間是有限的，她只能帶少許衣物，否則零食和圖書是裝不下的。她忍痛割愛，最後選擇了一件粉色大衣，「爸爸，我就要帶這件，你覺得怎麼樣呢？」她一旦有了決定，要想說服她，是要花大氣力的。我望了一眼妻子，沒有直接回答她的問話，「問一下你媽媽，她想讓你帶哪件？」「媽媽，我帶這件粉色的大衣好不好？我最喜歡這種顏色了！」她故意把顏色的兩個字咬得很重。「媽媽看一下天氣預報，再決定你帶哪件衣服好不好？」「天氣預報？好吧！」「出門看天色，穿多穿少都有可能感冒的！」妻子接著說下去。女兒已迫切地打開電視機，要去搜尋天氣預報的信息。「媽媽，天氣預報中沒有阿婆家」，我拿出手機，「爸爸這裡有，根據天氣情況你不必帶這麼厚的衣服。」女兒湊過來，「爸爸，我看一下。」「今年是暖冬，你看氣溫。」我指著氣溫趨勢圖給她看，她有點失望：「爸爸，你說我帶哪件比較好。」「爸爸覺得紫色這件比較好，厚薄適中，又不占地方。即使氣溫異常，你也可以穿小姐姐的衣服，等爸爸媽媽去的時候，把這件大衣給你帶去啊！」她一聽，好不容易不再糾結帶哪件衣服，又開始關注起帶多少盒零食。經過反覆裝填，最後忍痛割愛帶了兩盒小零食。至於圖書，說什麼一本也不願意落下了，一股腦兒塞進夾層裡，快速拉上拉鏈，徑直把箱子推進臥室，再也不允許我們動一下她的行李。

　　根據航空公司的規定，我們必須要提前兩個小時在機場專櫃辦理無成人陪伴登機手續，這意味著八點的航班，我們六點鐘必須趕到機場。對於早上貪睡的女兒來說，睡眼惺忪地從溫暖的被窩裡爬起來，是一件困難的事兒，我也擔心誤點。當我

第三章 親子對對碰

輕輕拍著她的背，請她起床的時候，她比往常動作麻利了許多，一咕嚕坐起來，嚇了我一跳。應該是前一個晚上睡覺前的叮囑起了作用：她知道遲到就意味著只能做下一班飛機，飛機是不會因旅客遲到而取消航班的！

很順利地我們辦完了所有手續，離安檢還有一小段時間。我和妻子帶著女兒在機場搜尋可以玩耍的設施，但除了熙熙攘攘的人群，一無所獲。「爸爸，我上次玩的小馬怎麼不見了？他們跑到哪裡去了？」「他們哪也沒有去，還在機場裡，要等你過了安檢，在候機大廳才能看到。」女兒不無遺憾地說：「可你們又不能和我一起玩？我好孤單啊！」我沒想到她竟然用「孤單」這個詞描述自己的心情，看著她楚楚可憐的樣子，我和妻子對視了一下，妻子的眼圈有點紅。我害怕妻子的表情勾起女兒的傷心事，輕輕拉了一下妻子的衣袖，「寶貝兒，我們一起吃早餐好不好？我們看樓上有什麼好吃的？」女兒的注意力被我遷移到食物上，「好啊，好啊！我要吃稀飯！」女兒奶聲奶氣的回答讓我和妻子覺得她一點兒都沒有長大。

日送著女兒在引導員阿姨的帶領下通過安檢，妻子的心情一下子變得沉重起來：「你說我們讓她一個人走，是不是一個錯誤。她還那麼小，要再大兩歲就好了！」「你是不是有點後悔，覺得我太狠心了？」「也不是，我就是覺得不放心。」「兒行千里母擔憂，我理解你的心情，我相信她會有一個愉快的旅程，二個多小時的航程很快的。」我安慰著妻子，其實內心深處也開始懷疑自己最初這個決定是否倉促，沒有充分尊重孩子的意願，把成人的判斷加在孩子身上，沒有把她當兒童看待，反而當成大人？我也沒有答案，權當是一種生命體驗，無論好壞，只有經歷過才好做出明智的選擇。我和妻子就這件事情討論了很久，直到航班起飛，我們才離開機場。

三個星期後，當我問起女兒登機後的情形，她講得很清楚：

「登機後，空姐把我安置在機艙的尾部，我和鄰座的阿姨一起玩摺紙，後來空姐也加入了進來，我們玩得很開心！」「那你覺得有意思嗎？」「有意思啊！和他們一起摺紙好好玩呢。我還教他們摺。他們表揚我摺得好呢？」「是嗎？寶貝兒真棒！」我把女兒抱起來，轉了幾個圈，她爽朗的笑聲再次在屋子裡回盪。

　　岳母繪聲繪色地向我和妻子講述她們在包車上發生的故事，讓我們倍感欣慰。我在女兒的小包裡放了十六元錢，對她來說那可是除了壓歲錢之外她可以自由支配的一筆「巨款」，至於十六元錢能買些什麼東西，她覺得一點都不重要，表現得自信滿滿。包車的價格是八十元，司機為了增加收入，中途又拉了兩名乘客，每人只收十元。這下惹得正義感十足的女兒不高興了，她好奇地問外婆：「阿婆，為什麼他們只給10元，而我們要給80元呢？」「你覺得有點不公平是嗎？」「是啊！」「你有錢嗎？」外婆逗她說「我沒有啊。」她轉而對著司機說：「我媽媽只給了我16元，我阿婆沒有錢，你帶不帶我們回去？」看到她小臉憋得通紅的樣子，司機笑了：「小妹妹，就是沒有16元，叔叔也會把你送回家的！」同車的人都笑起來了「小妹妹，你可真會算帳啊！」岳母撫慰著女兒：「你的錢不夠，我們到家就有錢了，別擔心了啊！」「幾個月不見，我的寶貝兒長大了！」小小插曲為一個人的旅程增添了一抹亮色！

第五節　冰雪奇緣

　　為什麼迪士尼的動畫片風靡全美乃至全球？除了動畫片本身在宣揚普世價值，如尊重、愛、理解、和平等之外，動畫形象生動、可愛，適合家庭成員一起觀看起到了推波助瀾的作用。

第三章 親子對對碰

女兒不知道從什麼時候起，開始迷戀一個叫作《冰雪奇緣》的童話故事，妻子經不起女兒的軟磨硬泡，不厭其煩地把故事講了一遍又一遍。女兒好像百聽不厭，只要有空就纏著媽媽講故事。妻子實在招架不住，就讓她自己看，遇到不認識的字，就問我怎麼讀，漸漸地，我對故事情節有了大概的瞭解，童話講述的是在艾倫黛爾王國，兩位可愛美麗的小公主艾莎和安娜成長的故事。

我不怎麼喜歡讀童話故事，還記得我讀的第一本課外書是歷史方面的，名字叫《春秋戰國》，讀起來很過癮。像大多數爸爸一樣，我也想對於文史知識的愛好能在女兒身上傳承，她卻不是很感冒。面對年代久遠的故事和人物，她不是無動於衷，就是把問題轉移到童話故事上。

對於《冰雪奇緣》女兒好像有問不完的問題，一個接一個，讓我應接不暇，諸如「為什麼艾莎有魔法，安娜卻沒有？」我還勉強可以回答。「漢斯為什麼要害死安娜？他們不是相愛的嗎？」我說是「政治陰謀」，她一頭霧水地望著我：「爸爸，政治陰謀是什麼意思啊？」「怎麼說呢？也就是漢斯接近安娜是有預謀的，他要篡權奪位。」「什麼是篡權奪位？他不是王子嗎？幹嘛要篡權奪位？」「可艾莎是女王，他們只是個小國家，所以想霸占整個王國。」「為什麼要奪取不屬於自己的東西呢？」「漢斯就是想殺死兩姐妹，然後自己當國王。這就是政治陰謀！」我解釋了半天，也不知道她聽明白了沒有，我想瞭解孩子的內心世界，瞭解她的真實看法，於是，我們有了這樣一段對話：「這本書，你也看了很多遍了，這兩姐妹，你喜歡艾莎還是安娜？」「艾莎！」她不假思索。「為什麼喜歡艾莎呢？」「她會魔法，可以製作冰雪宮殿，我好喜歡冰雪宮殿啊。」「除了這個呢？」「她的裙子好漂亮啊！」「安娜的裙子也漂亮啊。」「可是安娜太淘氣了，她聽不進姐姐的勸告，就要跟剛剛認識一天的人結婚。」「嗯，說的有

089

道理，繼續說。」「艾莎就是被安娜氣得控制不住魔法了。」「那麼艾莎有沒有什麼不對的地方呢？」她歪歪小腦袋，若有所思，「有，她應該跟安娜好好說，不能一生氣就走了，就像我做錯了事情，爸爸媽媽會跟我講道理一樣。」「說得很好，那你還喜歡艾莎嗎？」「喜歡，我就是喜歡艾莎！」我沒有繼續追問下去，在我眼中，讀書的樂趣就是開卷有益，選擇一本好書，閱讀就有收穫。

　　一天，她興奮地對我說：「爸爸，我告訴你一個好消息，你不能告訴媽媽，要為我保密啊！」「什麼事情弄得這麼神神祕秘？」「我在Ipad上下載到了《冰雪奇緣》的插曲。」「是嗎？我來看看，有好幾首呢！不錯，慢慢聽，我不告訴媽媽就是。」每天放學後，她都要聽幾段，一天不聽，好像丟了什麼心愛的禮物，整個心都沒著沒落似的。她心情好的時候，也會小聲哼哼，儘管聲音不大，我還是能聽出來她唱的是《你想不想堆個雪人》：你想不想堆個雪人，快跟我一起來。我很久沒有見過你，門快打開，你到底在不在？我們是最好姐妹，此情不再，原因你要說出來。你想不想堆個雪人，是不是雪人一樣可愛……聽著她的咿咿呀呀、咕咕噥噥，我不願意打斷，輕輕走過去，把Ipad的音量調高，促使她大聲唱出來。她不為所動，依舊是小聲哼哼，陶醉在對冰雪世界的憧憬和向往中。

　　既然她如此喜歡《冰雪奇緣》的故事，我萌生了讓她看電影的想法，因為電影檔期的緣故，我只能在電腦上下載好影音文件，作為她完成作業的一項獎勵。聽我這麼說，那天她早早完成了作業，碰巧我有事情要做，她獨自一人坐在電腦前欣賞影片。我和她約定看完一遍後，她給我打電話，我一準兒回來陪她。我把播放器打開，把她的椅子向後拉了一段距離，順便糾正了一下她的姿勢，在旁邊看了她一小會兒，她很快便沉浸在跌宕起伏的故事情節中，對我的離開竟渾然不知，讓她一個

第三章 親子對對碰

人待一會吧,不會有問題的、當然,我不敢事先告訴妻子,怕她擔心。

影片的長度大概在一個半小時左右,我約莫時間差不多了,就和朋友告別往家裡趕,這時候手機鈴聲恰好響起來,「爸爸,我已經看完一遍了。你什麼時候回來啊?」「好,爸爸就在樓下了,你邊玩邊等我,我一會就上來。乖,聽話。」「好吧!」她掛斷了電話,又坐到椅子上,再次啟動播放按鈕。當我打開房門,她全神貫注地盯著電腦,聽到聲音扭了一下頭,視線就又轉移到屏幕上。「你不是已經看過一遍了嗎?要注意保護自己的小眼睛,我們玩點別的,好不好!」「不好!我還要再看一遍,有些地方我看不懂啊!」「你那麼熟悉的故事,怎麼可能看不懂呢?讓我來看一下,哪些地方你看不懂?」我用鼠標拖動著播放進度條,「停,停,停!這個地方我就不明白」。我發現原來電影的敘事結構和繪本不一樣,加上電影不僅有圖像、文字還有聲音,是比繪本有趣得多,但信息的處理量也要大一些,難怪她不是很明白。「不著急,你慢慢看,然後講給我聽,講不通順的地方我們再一起討論是什麼意思好不好?」女兒點了點頭,想了想突然冒出來新的想法:「我和媽媽一起看,邊看邊請媽媽給我講,不更好嗎?」「這不矛盾啊?我講給你聽不是一樣的嗎?」「不一樣,媽媽講得更清楚!」我頓時無語。

妻子下班回來後,女兒迫不及待地問:「媽媽,為什麼漢斯舉劍殺安娜的時刻,她就變成冰雕,擋住了劍呢?艾莎抱著安娜的冰雕哭,安娜又融化了呢?為什麼漢斯不能殺死她們呢?」一連串的問題,直接問倒了什麼都不知道的妻子,當妻子瞭解情況後說,「今天你已經看了很久的電腦了,等週末的時候媽媽再陪你一起看,一起尋找答案,好嗎?」儘管非常不情願,但女兒也知道今天是不能再看了。週末時,妻子如約陪女兒一起看完影片後,問題再次被提出,這次是妻子提問,女兒自己找到

了答案：「因為愛，愛可以融化堅冰！」「對，愛是破解冰雪魔法的神祕力量，不管我們遇到什麼困難，只要心中有愛，就能擁有神祕的力量來解決困難，對嗎？」「嗯。」女兒堅定地點點頭。

《冰雪奇緣》的影片女兒先後看過四遍，還不算她反覆多次看的部分片段。我曾問過她為什麼如此著迷電影，她用自己的直覺告訴我：電影裡的每一處冬天景象都和真的一樣！我查了相關資料，原來動畫人員創造了成千上萬個雪片，然後設計出各種算法，讓雪片彼此黏結，或是在風中飄蕩，或是滾成雪球急速滑落，才營造出身臨其境的效果。我把真相告訴她的時候，她瞪大了眼睛：「爸爸，好神奇啊！」雖然故事她還是不能完整地講給我聽，但不妨礙她尋找故事後面的答案。

很快她的興奮點就轉移到了「過家家」游戲上，和班上的小同學按照劇中人物進行了改造，不僅艾莎會奇幻的冰雪魔法，連安娜也被賦予一種神奇的力量，漢斯也被重新定義為深愛安娜的「白馬王子」，當女兒向我繪聲地繪色講述他們的角色分工以及劇情發展時，我真弄不明白她的小腦袋裡一天到晚究竟在想著什麼，竟然有如此多的奇思妙想。

按照班主任老師的要求，她要把自己最喜歡的繪本與全班同學分享，遇到不認識的字兒標上拼音，這成為她一週裡樂此不疲的事情。她每天睡覺前坐在被窩裡，把《冰雪奇緣》繪本打開，輕輕地讀，一會兒停下來，「爸爸，這個字怎麼念呢？」「媽媽，你看我拼得對不對？」臨睡前讀上三五頁，起到隔離的作用。「爸爸，我困了！」不一會兒就聽到她均勻的呼吸聲。

班主任在家長群裡發了兩張小朋友們晨讀的照片，我習慣性地尋找著女兒的面孔，遍尋不見，當老師說明女兒站在講臺上面向全班同學朗讀《冰雪奇緣》，小朋友們聽得很認真的時候，我終於發現女兒的小小身影。可以想見，女兒繪聲繪色的講述在每一個小朋友心中營造了另一個粉妝玉砌的冰雪世界，

第三章 親子對對碰

那裡有孩子們五彩斑斕的夢……

我曾經和朋友討論過，為什麼迪士尼的動畫片風靡全美乃至全球？除了動畫片本身在宣揚主流價值，如尊重、愛、理解、和平等之外，動畫形象生動、可愛，適合家庭成員一起觀看起到了推波助瀾的作用。說到此，我的腦海中浮現出一幅美好的畫面：晚餐後，一家人端坐在電視機前，觀賞著《冰雪奇緣》的電影，不時發出「太美了！」的驚嘆聲，隨著劇情的發展，室內的氣氛時而緊張，時而輕鬆，其樂融融。影片結束，大家熱烈討論著人物關係，人與人之間因為共同的話題變得開放、包容，這不正是童話的現實再現嗎？

第四章　溝通無限

第一節　孩子，請慢慢說

　　當一個人痴迷於在自己的「游戲」當中，就很容易進入到「自我催眠」狀態，對周圍存在的人和事充耳不聞，視而不見，享受著游戲的樂趣，專注的神情構成最美的畫面，無論是學習的效率還是個人的體驗都會取得事半功倍的效果。學習者可以在此過程中樹立信心，保持熱情進而激發內在學習動力。

　　我曾不止一次問女兒：「小學與幼兒園有什麼不同？」在上學的第一個月裡，她給我的回答是「小學可以學很多知識」。在上學的第二月裡，她除了告訴我小學可以學很多知識外，說得最多的就是放學時間早，可以和我一起玩。在上學的第六個月裡，她開始比較幼兒園和小學在看電視、美術課等方面的差異，在她的表述背後我接收到了女兒獨立思考的信號。
　　接她放學回家的路上，我問得最多的問題就是：「今天在學校發生了哪些快樂的事情，可以告訴我的？」她坐在自行車的後

第四章 溝通無限

座裡，自顧自地喝著酸奶或者咬著香蕉，對回答我的問題卻一點兒興趣也沒有。問得多了，她就會變得厭煩：「爸爸，沒什麼快樂的事情要告訴你，別問了，好不好？你好煩啊！」聽著她嗔怒的語氣，我調整了問話的方向：「那就是有不高興的事情要告訴我了？」聽到我這麼說，她整個人安靜了下來，在沉默中品味著我說的話，一時不知道怎麼應對。我自言自語，「既然沒有高興的或者不高興的事情告訴我，我們就談一談老師布置了什麼作業吧。」一聽說「作業」，女兒又變得「煩躁」，「爸爸，明天是週末，你能不能不要提作業的事情，我今天不想做作業，你陪我玩游戲好不好？」在她眼中，週五下午不做作業不僅僅是難得的放鬆，而且是一項期盼已久的福利。「要陪你做游戲沒問題，關鍵是設計的游戲要有趣，否則你只有做作業了。」我沒有再和她糾纏「作業」這個每天都要面對的話題，話鋒一轉，把做游戲的「難題」拋給了她。「沒問題，我們玩的游戲肯定好玩！」她用自信的口吻對我說。

　　一到家，放下書包，她就翻箱倒櫃忙碌了起來，把可能放玩具的地方都掀了個底兒朝天，經過精挑細選，變戲法一樣地把玩具錯落有致地鋪在床上。我站在一旁觀察著她擺放玩具的動作，心想：小腦袋裡設計的游戲是什麼樣的？讓她如此興奮不已，以致忽略我的存在，連徵求我意見的工夫也沒有，想給我帶來什麼樣的驚喜？「爸爸，我可不可以把我畫的畫也放進去？」她充滿疑惑地問我。「你自己決定，我還不清楚你要做什麼游戲呢？」「好吧！」她撇撇嘴，按照自己的想法挑選著彩筆畫，徵求我的意見好像是例行公事，不代表會按照我的建議去做，只是知會一聲。「好了嗎？一會我就要做晚飯，你要快一點兒，我等得好著急啊！」我催促著她，「還要再等一小會兒，我還沒有完成最後的準備呢？」她開始用筆在小卡片上寫數字，口中念念有詞：「1元、5元、10元……」完全沉浸在自己幸福的

想法裡。趁著空當兒，我抓緊時間淘米，洗菜，在廚房裡忙得不亦樂乎，誰能說做飯不是兒時游戲的升級版。「爸爸，商店要開門了！」她站在廚房門口衝著我喊，我被驚得激靈了一下，「你進來也不提醒我一下，把我嚇著了。」我心有餘悸對她說。「爸爸，我叫你了啊。你怎麼自己會嚇著自己？」她的回答讓我覺得又好氣又好笑，好氣的是她不明白為什麼嚇到我，好笑的是她一臉無辜的樣子煞是可愛。

當一個人痴迷於在自己的「游戲」當中，就很容易進入到「自我催眠」狀態，對周圍存在的人和事充耳不聞，視而不見，享受著工作的樂趣，專注的神情構成最美的畫面，無論是學習的效率還是個人的體驗都會取得事半功倍的效果，學習者可以在此過程中樹立信心，保持熱情進而激發內在學習動力。如果被打擾，短時間內很難恢復到先前的最佳狀態。因此，孩子在游戲時、學習中，家長一會兒遞水喝，一會兒遞毛巾……不僅無助於培養孩子的專注力，而且會帶來深層次的學習障礙。這一點，家長在陪伴孩子時要引起重視。

「好，讓我看看你的商店裡都出售些什麼物品，哪些是我想買的？」我用毛巾擦了一下手，「你還要等一下。這是你購買物品的『錢』，你一張，我一張。」女兒仔細地分發，生怕多給我發一張她吃了虧。發完後她先數了自己手上有幾張，邊數邊小聲說，一張，二張……然後又把我手上的紙片拿過去，照著前面的做法也數了一遍。「你只數了有多少張，金額對嗎？你把紙片上的金額加一下，看是多少錢？再和我手上的卡片總數比一比，這樣才公平！」我幫著她把紙片在桌子上攤開，「1加2加5加10等於幾？」「1加2加5等於8。8加10，爸爸，我沒有學過，沒想到加法這麼難，我不知道怎麼算。」她著急起來，「不知道沒關係，慢慢說，我們用計數器算一算。」聽我這麼說，她忙不迭地從書包裡翻出來計數器，「先把10在計數器上表示出

第四章 溝通無限

來，然後再加8，數一數。」按照我的引導，她不熟練地撥動著珠子，「11、12……18，爸爸，我算出來啦，等於18對不對？」「對！遇到問題的時候，不要著急，多動動腦筋，借助工具和方法，就能找到答案。」女兒似懂非懂點了點頭，遇到轉不過彎的時候，她還是會著急，要麼固執地認為自己是對的，要麼問題一個接一個，越問越不知道所以然。「你再算一下我的手裡有多少錢呢？」「1加1加5加5加2……」她掰著手指默讀數字，一會兒就感覺用不過來了，「爸爸，我算不過來了。一點都不好玩，你幫幫我好嗎？」「開商店可不能算不清楚啊，你有多少備用金，物品的價格是多少，賣了多少，都是和數字打交道，如果是一本糊塗帳，商店還能開下去嗎？」聽我這麼說，女兒小臉憋得通紅，她一準兒沒想到開商店原來這麼麻煩，在她的眼中那就是一個游戲，游戲只要設定好規則，有的玩就可以了。她不情願地計算著，好讓自己設計的游戲進行下去，「是16元！」確認之後她肯定地對我喊，「比你的錢少幾元？」「18減16，等於2元。」雖然兩位數的減法老師還沒有教過，8減6等於2對她來說卻是簡單的問題。「為保證公平，你還要給我幾元錢我們手裡的錢才相等？」「爸爸，你怎麼這麼多問題啊？我們還玩不玩游戲啦？」女兒不耐煩地抗議。「好，我們不糾結了，開始游戲吧！」我不想把自己的好惡加諸在女兒身上，對於個體而言，她是自由而獨立的。只有保障她獨立思考而且自由表達的權利，她才是精神獨立的個體。問不問是我的事，答不答是她的自由，她只需要對自己的選擇負責就可以了，這對於00後的孩子而言尤為可貴。

女兒的臉上又恢復了之前的鮮活，「商店開張了，快來看，快來買啊！」她清脆的吆喝聲還是奶聲奶氣。我扮演店裡唯一的顧客，裝作老爺爺的口氣，「小朋友，我來看看你的店裡都賣些什麼，有沒有我需要的。」我弓著背，在床頭和床尾之間來回走

了兩趟，不緊不慢地自言自語，卻絲毫沒有表現出要買東西的意思。女兒的視線跟著我的移動，最終把目光停留在我的臉上。「爸爸，你到底買不買呀？」她沉不住氣先聲奪人。「爸爸？誰是你爸爸？你爸爸還需要買你店裡的東西啊？」我故作詫異地問。「你就是我爸爸呀！」她不假思索地回答。「這是游戲，我扮演老爺爺，你扮演售貨員的嘛！你想一想，售貨員阿姨怎麼說啊？」「你好！歡迎光臨！」「對啊，你還沒有問候我，就直接問我買不買，是不是少點禮貌？這樣我還願意買嗎？」「你別說了，商店一會兒就要關門啦。」「這麼快啊？店裡還有客人需要買東西，你就打算歇業，徵求過客人的意見嗎？」她撓撓了頭，無言以對。「那你不能光看不買啊？」「光看不買不可以啊？看了就要買，你這樣做生意是強買強賣。」我說話的語氣有點重，女兒看著我一本正經的樣子，竟然「撲哧」樂了，「爸爸，沒想到，開商店這麼好玩啊！」我丈二和尚摸不著頭腦，不知道她笑什麼，心裡納悶我有那麼可笑嗎？

「時間不早了，你再這麼耽誤工夫，我就要回家做飯了。」她如果笑起來，可不是一時半會兒能夠收住的。「爸爸，你看看有什麼要買的？」她竭力抑制住自己的笑聲，還是不自覺地想噴出來。「我來看一看，這本書這麼賣啊？」我挑了一本圖畫書向她詢價，「你願意出多少錢呢？」「咦？有點意思，你是賣東西的，我是買東西的，你問我願意出多少錢？」我瞅了一眼定價，「4元錢。」「好，賣給你了！」這麼乾脆絲毫不拖泥帶水。讓顧客定價，這不正是目前最流行的「C2B」嗎？小孩子的奇思妙想不是刻意為之，而是自然流露，它來自「好東西要和大家分享」，簡單而充滿情感。「給你5元，要找我幾元呢？」「我不找，你給我4元就可以了。」「小滑頭，把問題又給我踢回來了。我沒有4元錢，你能告訴我怎麼辦嗎？」「我早就看到了，你有兩張2元的，都給我，不就是4元嗎？」她在這兒等著我呢？

第四章 溝通無限

　　我又拿起她畫的一幅「點點畫」，整個畫面全是用五顏六色的點點構成的，畫的是快樂的一家，她最熱衷表達的主題：美好、和諧、充滿歡樂。我故意把畫在她面前揚了揚，「這幅畫不錯，有創意，你打算賣多少錢呢？」「這是不賣的，如果你買多了，可以送給你。」「還有贈品啊，別的東西我不想買了，就想要這件，你開個價吧！」女兒想打促銷牌的小伎倆被我識破了，她萌萌地看著我：「如果你非要這張畫的話，你出個價吧！」「又是我出價？10元！」「10元！」女兒驚呆了，我猜想她一定想知道原因，她很好奇：「爸爸，圖畫書才賣4元，這幅畫為什麼可以賣10元？」「圖畫書是別人的作品，這幅畫是你的作品，是獨一無二的！」我用激動的語氣告訴她，「你能告訴我這幅畫的含義嗎？」女兒聽到我的讚揚來了興致，「我畫的是快樂的一家人，這是媽媽，我，還有姐姐，我們在一起愉快地唱歌、跳舞！」她邊指給我看邊用自己的語言做解釋。「爸爸，你真的要用10元買這幅畫？」她還是不敢相信自己耳朵。「別擔心，我說到的一定做到，給，10元。」我把手中的紙片遞給她，請她自己拿，她把兩張「五元」緊緊地捏在手裡，唯恐它們遺落。

　　「好了，今天就到這裡吧！我只剩下2元錢了！再買下去我會破產的！」「我可以借錢給你啊。你只需要付給我利息就可以了？」「小腦袋裡想的竟是些什麼呀？借錢還要利息？」「這是媽媽說的。我們借銀行的錢買房子每個月都要還利息的。」沒想到她會把妻子抬出來，「我又沒有說要借你的錢，是你要借錢給我，如果知道有利息，我就不借了。」我無辜的樣子逗得女兒又笑起來。「那我不要你的利息好不好？」她反倒安慰起我來。

　　如果說人生是一場充滿博弈智慧的游戲，孩子們就是在游戲中學會了博弈的規則。游戲有大有小，有室內、戶外之分，人們置身於游戲當中，一方面是對規則的習得，一方面在找尋真實的自我。在這個充滿游戲的世界裡，我們的孩子如果缺少

游戲的體驗，欠缺的不僅僅是成長的機會，而且是深層次的思維訓練。陪伴孩子做游戲，不需要高難度的技巧，不需要昂貴的道具和精心的設計，只要爸爸或者媽媽抽出一點點時間。哪怕只有一個小時，對於親子溝通都是難忘的溫馨時刻，許多家長所擔心的「代際溝通障礙」的困惑也會迎刃而解。放下身段，讓心靈變得柔軟，和孩子一起度過珍貴的童年時光吧！孩子說長大就長大了，錯過了就不再有！

第二節　臥談會的話題

你內心深處希望孩子成為什麼樣的人，做父母的就要首先成為那樣的人，身教重於言傳。在孩子成長的歷程中，榜樣的力量是無窮的。作為孩子第一位人生導師，父母的興趣、愛好和價值觀對孩子的影響是潛移默化的，孩子就是父母行為的投射。

我和妻子婚後一直保持著臥談會的光榮傳統，也一直維持著話題的多樣性，最初是工作、生活中發生的點滴小事，孩子降生後，話題基本圍繞女兒展開。儘管我們做了各種假設，可遇到真實的情形，難免手忙腳亂甚至手足無措。因此，臥談會就成為女兒熟睡後我和妻子的例行懇談會。

我曾經在高校做過小範圍的調研，大意是說「在你的家庭裡，是誰做主？」10%左右的學生說是家裡由一個人說了算，不是爸爸就是媽媽，他們之間則保持著驚人的一致，讓孩子很難有借助父母隔閡從中「漁利」的機會；70%左右的學生則說爸爸、媽媽都說了算，有時候難免意見不統一，爭吵的事情也會隔三岔五的發生，尤其是在孩子面對重大人生抉擇的時候，這

第四章 溝通無限

種衝突就會像定時炸彈爆發。最壞的情形就是爸爸、媽媽說了都不算，孩子說了算，這種家庭出來的孩子表現的差異性可以說是天上地下。因為樣本量的關係，我得出爸爸媽媽在家中的決策角色與孩子的成績或者升入什麼樣學校的關係很難得到科學意義上的驗證，作為定性分析，卻從另一個側面說明父母在孩子面前保持意見一致性的積極意義。

女兒開學不久，學校組織了一次秋遊活動。遵照老師的建議，我們給女兒的小包包裡放了10元錢，好讓她渴了買水喝。女兒一天下來玩得很盡興，至於花了多少錢早已拋到九霄雲外。等我問起來的時候，她支支吾吾算不清楚也說不清楚，我認真地幫她回憶，她說自己買了水還買了零食，肯定地告訴我水和零食的價格，卻始終有三元錢對不上。在我的追問下，她才想起把錢借給同學了。「你既然把錢借給了同學，明天上學的時候，就提醒他還給你，好不好？」「借就借了嘛，為什麼要還。」「借別人的東西是不是應該還給別人？好借好還，再借不難啊。」她極不情願地點了點頭，算是答應了。我明白她嘴上是答應了，其實不會去提醒同學還的，對她來說錢和玩具沒什麼不同，「借」和「送」兩個字沒什麼根本區別的。3元錢也不是什麼大數目，她就更不會在意了，除非是她心愛的東西，她才會放在心上，念念不忘。

臥談會的時候，我把事情的來龍去脈向妻子敘述了一遍。妻子和我的預判差不多，我們商量著怎麼引導女兒去處理「借錢還錢」這檔子事。在成人的世界裡，「借錢還錢」常常裹挾著複雜的人際關係，「借還是不借？」考量的是你對於人情世故的判斷力，「借多少？什麼時間還？還的時候有沒有附加條件？」考驗的是你對風險的識別力。兩種能力放在一起，就變得異常複雜。其實「就事論事」就沒有那麼複雜。之所以糾結，就是加入了太多的個人情感因素，思前想後找不到破解之道。活在

當下不僅是一種態度，也是一種智慧！

我和妻子的意見有點相左，我的意思是要不要告訴她同學的父母，請家長催促自己的孩子還款。妻子不讚同，認為孩子的問題要孩子自己面對，自己解決，家長介入其中對孩子的成長不利，無情地剝奪了孩子體驗的機會。我們爭執不下，我又說能否讓班主任出面斡旋解決此事。妻子又制止我說：「為了3塊錢，這樣做是不是有點興師動眾。老師平時不是在灌輸孩子們要有分享意識嗎？就當咱們閨女花了3元錢買了瓶飲料，和小朋友一起喝了，好不好？」「事情一碼歸一碼，能混在一起嗎？關鍵不是錢的多少，是孩子對這件事情的看法，會影響到她今後的價值判斷！」我有點著急，把「價值判斷」都甩了出來，「我說的是事實判斷，價值判斷是後一步的事情」。妻子也不甘示弱。「我們都冷靜一下，看怎麼對女兒說她才接受？至於催同學還錢的事情我們下一步再做討論。」我緩和了一下語氣。「這才像話。」妻子嗔了我一句。「我已經問過女兒事情的經過，現在是要讓她對這件事情有個認識。我們倆意見要保持一致。告訴她借錢給同學沒問題，問題是要提醒同學還，否則對於自己和同學都不是一個好事情。對自己不好，是不珍惜爸爸媽媽的勞動成果，對同學不好，是沒有告訴同學遵守約定的重要性。」妻子聽我這麼說，剛壓下去的火「騰」地又著了起來，「能不能就事論事，不要扯那麼遠？這就是孩子之間發生的一件小事情，讓女兒自己解決。你這麼說，孩子聽得明白嗎？還是我來說吧！只要孩子如實地告訴我們事情的經過，就沒有太大的問題。我們提醒孩子就是了！」妻子不願意在這件事情上糾纏太多時間。「好吧！你明天一早問一下閨女吧！我也提醒她一聲。」

當夫妻兩個人對一件事情的觀點出現分歧的時候，最好的解決方式不是冷戰或者爭吵，而是有一方要先選擇妥協，在妥協中尋找到平衡點。正如《尊敬的家長，你知道嗎？》所寫到的那樣，

第四章 溝通無限

你內心深處希望孩子成為什麼樣子的人，做父母的就要首先成為那樣的人，身教重於言傳。在孩子成長的歷程中，榜樣的力量是無窮的。作為孩子第一位人生導師，父母的興趣、愛好和價值觀對孩子的影響是潛移默化的，孩子就是父母行為的投射。

譏笑中成長的孩子學會羞怯；溺愛中成長的孩子學會任性；指責中成長的孩子學會自卑；歧視中成長的孩子學會冷酷；寬容中成長的孩子學會忍讓；鼓勵中成長的孩子學會自信；稱讚中成長的孩子學會欣賞；公平中成長的孩子學會正義；友愛中成長的孩子學會關懷；艱苦中成長的孩子學會奮鬥；溫暖中成長的孩子學會關心；嚴格中成長的孩子學會自律。

和妻子的溝通過程，不僅有被動的擱置爭議，還有積極的和而不同，誰說得比較有道理，就由誰來主導，另一方來打配合。一個鞭闢入裡，一個動之以情，從理性和感性兩個方面對孩子加以引導、輔導和指導，尊重孩子選擇的自由。在我和妻子的心中，並不想拔高對女兒的期待，只要她人格健全、心智和諧。做一個幸福的普通人何嘗不是一種快樂？

第二天早上起床的時候，妻子問起女兒秋遊中間發生的故事，她像沒事人似的，大多數情節都記不起來了，只是說自己買水和糖，其他的一概想不起來。我和妻子面面相覷，不動聲色地在她的回答中尋找蛛絲馬跡，說著說著，她漏嘴了：「××同學買零食的時候，錢不夠，我就把錢借給他了。」這次比昨天說得詳細，還告訴我們同學的名字。她不明白我和妻子為什麼在這件小事情上「糾纏不清」，她百思不得其解說了句：「難道借了還需要還呀？」原來她壓根兒沒想過同學會還，我和妻子也不好發作，妻子清了清嗓子，「寶貝兒，有借有還，才能再借不難，這是信用，你知道嗎？」女兒看了看妻子，又打量了一下我，看我們像陌生人似的。我接過妻子的話頭，對女兒說：「你借錢給同學是你自己的事，同學還不還是他們的事，但你要提

醒他們還。」我說話的語氣斬釘截鐵，不容反駁。女兒點了點頭，從她的眼神中我分明看到她在有意迴避這個話題，就差「哎」輕嘆一口氣以證明她的無奈。我已經找到了明確的答案：她是不會提醒同學還錢的。我不需要她編織各種理由來搪塞我和妻子。「事不過三」，當我第三次提醒女兒她還是點點頭的時候，我就決定徹底放棄了追究，孩子真實的不加掩飾的表達對我們來說才是難能可貴的。

經過這件事，我和妻子逐漸達成了某種默契，那就是孩子犯錯的時候一定要「就事論事」，既不追究過往也不放眼未來。過去的已經過去了，老抓著孩子的辮子不放，孩子就會活在深深的自責裡；明天的還沒有來，孩子的小錯誤真的會對未來產生致命影響嗎？這畢竟有一個累積的過程，並不是不可救藥。事情發生就發生了，先瞭解事實的原委再做出判斷，不僅對孩子而且對父母都是一種學習能力的提高。很多父母不也是沒有經過培訓合格就持證上崗的嗎？做合格的父母不易，做優秀的孩子就更難啦，所以要彼此之間多一些寬容，少一點慳吝，才能溝通順暢。

孩子的內心是敏感而脆弱的，尤其他們第一次遭遇這樣的事情，絲毫沒有經驗可以借鑑，需要做出自己的判斷和選擇，是對是錯，誰能說它不是一種難得的人生體驗？家長若在此情此景劈頭蓋臉把孩子批評一通，結果又會怎麼樣？我不敢想它對孩子成年後的影響，保持獨立和釋放善意不正是我們這個時代所追求的自由精神嗎？

第三節　我們都是父母

「孩子們需要被激勵，應對挑戰，然後取得進步，建立自信，獲得正能量，再去建立更高的目標，應對

第四章 溝通無限

更高的挑戰……周而復始,從而建立一個良性的循環——這叫作喚醒孩子的內心動力。」

每天在接女兒放學前,就會和一些家長聊上幾句,話題有關於孩子學習的,也有關於參加第二課堂活動的;有關於孩子作業的,也有關於操行表現的……可以說三句話不離開孩子,足見家長重視孩子成長的程度。慢慢地,我也發現了一些家長的困惑,看別人的孩子好像都是優點,可自己的孩子「缺點」多多,在比較之中越發變本加厲地訓練孩子,那勁頭簡直有點「血拼」的感覺,無論如何不能讓孩子輸在起跑線上。「現在社會競爭多激烈啊!不好好學,怎麼有可能成功呢?」「藝不壓身,多學點沒害處,少壯不努力,老大徒傷悲!」「這次又考砸了吧!叫你細心一點,你就是不聽,你是不見棺材不掉淚!」批評、指責的聲音不絕於耳,是孩子在乎考試成績還是家長在乎,你很難說得清。我想一定是家長先在乎,然後是孩子在乎,最後大家都在乎起來。在應試能力作為選拔人才必不可少的時代背景下,我沒有苛求父母和孩子超脫現實的想法。

我們都是父母,誰不希望自己的孩子成為人中之龍、人中之鳳?在父母的內心深處,也許有陣陣隱痛,因為客觀條件的限制,自己想學卻學不成,如今物質條件富足,一定不能讓孩子在成長的路上留下遺憾。現在的父母對孩子的要求帶有「彌補」的烙印。

我們都是父母,誰不希望自己的孩子比、學、趕、超?學校教育的質量穩定,孩子的差距微弱。看到別的孩子參加特長培養忙碌的身影,即使孩子不具備天分,我們也寧可相信「笨鳥先飛、勤能補拙」,就是節衣縮食,也要讓孩子迎難而上,「人生能有幾回搏?」此時不搏更待何時?

我們都是父母,誰不希望自己的孩子幸福、健康、快樂?

如果沒有升學考、期末考、期中考等大大小小的考試；如果沒有擠就業「獨木橋」的選擇壓力，我們一定給孩子營造一個寬鬆的成才環境，他們可以用畫筆肆意宣洩自己的情感，自由選擇屬於自己的生活，當夢想照進現實，我們才發現「如果沒有」只存在於夢想裡！

我們都是父母……

聽到父母們的吐槽和抱怨，我感同身受，這就是選擇的困惑。「我能做點什麼呢？」當我撥通女兒班主任的電話時，我真的沒有想好要說點什麼，我小心翼翼地徵求著班主任的意見，看能否借助家長會交流一下親子溝通的話題，班主任欣然同意了。雖然我在家長學校也給其他孩子的父母做過類似的講座，可面對女兒同學的家長，我竟有點局促不安：究竟從什麼角度切入話題呢？要學術一點還是通俗一些，講座前的幾周我有點茫然，直到跟班主任面談後才確定我要講些什麼，「愛與傷害」應該是家長最關心的話題之一。

當我問及家長「你會用什麼樣的詞向別人介紹自己的孩子？」時，僅有一位家長說「她的女兒待人熱情，天性活潑」，大多數家長關注更多的是孩子存在的種種缺點，「他做事情慢慢吞吞」「她比較膽怯」「他容易急躁」……面對「為何不在他人面前展示孩子的優點？」家長們三言兩語，覺得自己的孩子很普通，沒什麼特長和優點，和別的孩子相比，好像沒什麼值得讚揚的，「愛與傷害」就在一瞬間！說起對於孩子的愛，做父母的覺得是天經地義，我們不光給了孩子寶貴的生命，也按照自己的設想規劃著孩子的未來，卻很少與孩子促膝談心，問孩子究竟想成為什麼樣的人，過什麼樣的生活。我們以愛的名義無聲無息地傷害著孩子，卻茫然不知。父母作為孩子人生的第一位導師，應該懂得「孩子們需要被激勵，應對挑戰，然後取得進步，建立自信，獲得正能量，再去建立更高的目標，應對更高

第四章 溝通無限

的挑戰……周而復始，從而建立一個良性的循環——這叫作喚醒孩子的內心動力。」從這種意義上說，父母給予孩子的應該是成長的體驗而非專制的妄斷！

為了「愛」，我們固執地認為孩子應該受到公正公平的對待。當孩子間發生矛盾或者摩擦的時候，有些父母的反應比孩子還要「強烈」，聽到孩子受欺負，感覺自己受了奇恥大辱，非要爭高低、論輸贏不可。衝動的閘門一經打開，恨不得使盡渾身解數，幫孩子出一口惡氣，狠狠教訓一番那個「熊孩子」，看你還敢欺負我們家寶寶？家長在借助各方面力量向老師施壓的時候，孩子卻很快忘記這件不愉悅的事情，一節課過後，和好如初。冷靜下來，想想孩子的感受，原本一次自我調節的成長機會竟演變成了家長間的惡語相向。這是我們期待的成長嗎？成人世界的規則在孩子的眼裡未必行得通，這點很多父母是不願意承認的，然而現實就是這樣。

我也遇過女兒和同學在測驗課上的「口角」，同學向老師告狀，說女兒抄襲。老師罰女兒站起來，女兒委屈得淚眼婆娑，結果連測驗題也沒有做完。當女兒告訴我和妻子真實的情形時，我們沒有責怪她，更沒有指責同學和老師，在對她的經歷表示感同身受之後，建議她把注意力放在如何避免這類事情再次發生上。如果沒有抄襲，要向老師說清楚；如果抄襲，下次嚴禁再犯；如果是同學說錯了，原諒他，堅持自己的做法（不排除同學互相抄襲的可能），無論對於自己還是同學，都不能抄襲，會就是會，不會就是不會，測驗本身就是一種促進學習的手段，不是目的。這是底線！女兒聽著聽著就哭了起來：「我沒有抄襲！老師聽了同學的話就讓我站起來，我就站起來了！反正我沒抄！」我一邊安慰她一邊小聲說：「我沒有批評你的意思，你想一想以後怎麼處理這種事情？」「我沒有抄就是沒有抄，他抄我的，我也不說，老師一定會發現的！」「你這樣做，對同學負

107

責嗎？縱容同學錯誤的行為也是不對的啊！」「你們別再說了，我就是要這樣做！」「好，我們今天不說了。」自始至終，我都堅持孩子間的問題應該由孩子來處理，家長不能越俎代庖，否則欲速則不達。孩子的負面情緒不宣洩出來，是很難聽進去意見的。事實判斷和價值判斷，孩子重視前者，家長關注後者，給孩子的感覺是家長缺乏同理心。「先處理心情、再處理事情」未嘗不是一種生活智慧？

為人父、為人母，我不知道是經歷了怎樣的生命輪迴才換得今生的親子緣分？為人父母，不僅是照顧好孩子的飲食起居，更重要的是教育孩子要有修養。簡單來說，就是為人處世、待人接物有理、有據、有節，這可能帶有儒家「仁愛」思想的意味，對父母來說也是一種修行。

第四節　老師，我信任您

「每一個孩子都是一朵花」──每個孩子都是一朵花，只是一年四季開放的時間不同。當人家的花在春天開放時，你不要急，也許你家的花是在夏天開；如果到了秋天還沒有開，你也不要著急踩他兩腳，說不定你家的這棵是臘梅，開得會更動人。

女兒進入小學有 2 個月了，9 月份的時候女兒對小學生活新鮮感頗濃，因為小朋友們都是剛從幼兒園步入小學，學校老師也較為照顧孩子們的情緒，學習的進度相對較慢，主要鍛煉孩子們適應小學生活的各類習慣。10 月國慶大假後開始完全進入小學學習狀態。整個 10 月，我和妻子都發現一個非常突出的問題，放學回家後，女兒抗拒做作業，每次催她都告訴她寫完作

第四章　溝通無限

業就可以有很多時間玩時，她才非常不情願地坐下寫，同時寫作業時完全不注意姿勢，老師講的寫字姿勢都拋到腦後，時而趴在桌上，歪頭斜腦；時而神態遊離，愛發呆；時而又像猴子屁股，坐不住；時而又像是煩躁不安，愛哭愛叫。總之，在完成家庭作業的時間裡，女兒完全缺乏興趣，不在狀態，沒有之前那種興奮勁了。生活中，每當吃飯時間，她總有說不完的話，一會兒想到同學之間發生的有趣事情，一會兒想到問各種「為什麼」，一會兒又說有哪位同學欺負她了，一秒鐘就能委屈得稀裡嘩啦。女兒也並不是不知道她自己的問題，在我們糾正她坐姿的時候，她總在我們說背打直坐正時，對我們說「我好討厭我的背呀，它總是不打直，我不想它變成問號，變成問號以後就會慢慢地變成句號，我喜歡感嘆號。」

　　我和妻子都很納悶，女兒本是活潑開朗的性格，這段時間怎麼變得這麼脆弱愛哭，神態遊離，愛發呆呢，是不是我們在家裡哪點沒有做好，導致她沒有安全感，還是在學校發生了什麼事情，她沒有告訴我們。在我和妻子探討這個問題後，一致認為，與老師討論孩子存在的問題時，最好不要當著孩子的面說，給孩子充分的自尊，也是給孩子一個機會。

　　我們達成了一致意見，由妻子出面先去學校找班主任老師瞭解下女兒在學校的情況，是不是也像在家裡一樣。這時聽聽專業教育者的意見，總能給我們一個指導教育孩子的方法。而我則照常去接孩子回家。有趣的是，女兒看見爸爸媽媽一起去接她放學，卻被爸爸直接帶回了家，媽媽只是跟她揮揮手，就直接找老師去了，女兒有點心虛地問我「爸爸，媽媽去幹嘛呢，怎麼不跟我們一起回家？」「媽媽找老師有點事情，我們先回家！」大家似乎都在心照不宣。

　　妻子與班主任老師見面討論完後，又回單位上班了，待下班後回到家，我們都很有默契地沒有提起這件事情，像往常一

109

樣，該做什麼的時候就做什麼。女兒似乎有所感應，也閉口不提此事，當天吃飯尤其乖，吃的又快又多，作業也完成的很順利。在妻子將她哄睡以後，我們聊了聊與老師溝通的情況。

妻子首先向老師瞭解了女兒近期在學校的表現。據老師反應最近女兒在學校上課時專注力不夠，常常開小差，喜歡說話，但不會積極發言，每節課要多次提醒她專心。她坐姿不好，喜歡趴著，不能挺直坐好，中午吃飯速度很慢，吃的也少，要剩很多菜，有點挑食，老師跟她說話的時候，她總是很扭捏，說話聲音小，有點內向，不善表達。妻子聽了簡直不敢相信老師的話，她向老師說明了女兒進期在家的表現，也向老師說了女兒在其他場合的表現，她並不是個扭捏內向的孩子，更不是不善表達，相反，她非常喜歡表達，基本屬於話霸的角色，出現的一個陌生場合，與人相處幾分鐘後便能融入其中，玩得不亦樂乎，聲音也是最大的一個。為什麼會這樣呢？我們該如何做才能幫助孩子發現自己的問題，從而改變呢？

很感謝班主任老師，她是個非常細心並善於啓發孩子的好老師，她沒有對這些有問題的孩子另眼相看，冷眼相對，反而更加用心地關愛他們，讓他們能順利度過求學的初級階段。因此，與老師及時的溝通真的非常必要，她告訴妻子：在幼升小的銜接期間，每個孩子都有一段適應期，有的孩子適應期長，能長到整個一年級，有的孩子適應期短，基本上一個月就完全適應了。對於孩子這些問題，她一直在囑咐我們不能著急，這時更需要家長和老師的耐心，當孩子出現問題時，我們僅僅對這一件事情去糾正她，並加以鼓勵和適當的獎勵，形成正向刺激，這樣慢慢地就會見到成效。老師在班上對孩子們講了一段話，這段話被女兒記住了，回來告訴妻子說：「媽媽，我想做一棵大樹，我不想成為花。」「為什麼呢，花多美呀！」妻子當時還不知道女兒究竟要表達什麼，就試著和女兒聊起來，「因為花會

第四章 溝通無限

凋謝，而大樹卻可以活很久，還可以給人們避雨」。後來在與老師的交流中得知，老師說的是「每一個孩子都是一朵花」──每個孩子都是一朵花，只是一年四季開放的時間不同。當人家的花在春天開放時，你不要急，也許你家的花是在夏天開；如果到了秋天還沒有開，你也不要著急踩他兩腳，說不定你家的這棵是臘梅，開得會更動人。真正的園丁是不會在意花開的時間，他們知道每種花都有自己的特點，只是開花的早晚不同。鐵樹開花是人間奇觀，一株幼苗，從栽培到開花需要十幾年到幾十年，而且花期長達一個月以上。這就是鐵樹不開花，開花驚豔四方，且炫麗無比的原因。如果你家的花到了冬天還沒有開放，你就要想一想，他也許是一棵大樹呢！他會開出更加炫麗的花朵，只要你有耐心等待。

有了如此明理的老師，我為女兒感到慶幸。當我們把孩子交給學校，從內心深處，我們真的相信學校可以教好孩子嗎？當我們把孩子交給老師，從眉眼之間，我們真的相信教師認真負責嗎？很多人告訴我，說不準。那麼多孩子，要學校和老師對每一個孩子負責是不太可能的，對老師是五十分之一，對於家長卻是百分之百，這就是情感上的差異。因此很功利的想法和做法就是希望老師對自己的孩子格外關注一些，以縮小這種差距。至於信任，卻是鮮有談及的話題。

老師，我相信您！我相信每一個孩子在您的眼裡都是平等的生命個體，無論長相、家庭、稟賦等存在差異，您都會予以親切、友善的教導，用知識澆灌孩子求知的心田，幫助他們放飛夢想，實現成功！

老師，我相信您！我相信您選擇教師這陽光下最光輝的事業，一定有教育的情懷，而不僅僅是為了安身立命。「投以木桃，報以瓊瑤」是您的教育理想，滋蘭樹蕙、育英哺華是您畢生的教育追求，把孩子交給您，我們放心！

第五章　　人說「陪伴」

第一節　孩子眼中的陪伴

媽媽的陪伴

媽媽的手

張藝航

成長的歲月中，你會遇到許多人，但是，讓你印象最深的莫過於自己最親的人——你的爸爸媽媽。他們陪伴你走過這一生，雖然一路十分艱辛，但卻不辭辛勞、無怨無悔……

媽媽的手，曾經很潔白、柔軟，曾經被握在爸爸那雙有力的大手裡；而現在，這雙手布滿了皺紋，變得有點兒黃了，變得粗糙了，遠不及以前了。

從我呱呱落地時，媽媽的這雙手便開始操勞：餵我喝奶，抱我曬太陽，教我走路……我六歲了，懂事了。爸爸對媽媽說：「你這雙手，終於可以不用操勞了。」媽媽聽了，笑了一下。一年後，妹妹出生了。爸爸心疼地對躺在病床上的媽媽說：「唉，

你這雙手又要操勞起來了。」媽媽看了一眼小床裡的妹妹，淡淡地笑了一笑。

媽媽的這雙手又開始操勞了。每天早上，餐桌上總會有香噴噴的早餐；放學時，家裡總會被收拾得井井有條，煥然一新；睡覺時，我總能依稀地感覺到媽媽為我蓋上被子……六年又過去了，我快步入初中的神聖殿堂了，面對小升初這個迫在眉睫的考驗，家裡的氣氛驟然變得緊張起來，媽媽的手又接受了一個艱鉅的「任務」──指導我做小升初試題。一次，我遇到一道難題，就去請教媽媽。媽媽欣然接受，開始認真地為我講解起來，中間我提了許多問題，媽媽也都為我認真耐心地一一解答。不經意間，我看見了媽媽的那雙手，我發現，媽媽手上的皺紋更多了，我知道這都是因為我，我頓時一陣心塞。媽媽發現我心不在焉，拍了一下我的肩膀，把我的注意力吸引到題上面，然後又接著講了起來。

母親節那天，我把準備許久的禮物送給了媽媽，那是一張賀卡，上面寫著：「媽媽節日快樂，祝媽媽青春永駐！」這份禮物雖小，但卻代表了我對媽媽的愛。當我把禮物送給媽媽時，媽媽的臉上是說不盡的喜悅，她用那粗糙的手摸了摸我的頭……

媽媽的手，陪伴我走過一生，我想對媽媽說：「媽媽，我愛你！」

媽媽在身邊的日子

康厚宏

每當看到其他同學的媽媽到教室來看望自己的孩子，我心裡就會升起一種對媽媽的思念。我和大部分同學不一樣，我媽媽在拉薩工作，她是一名骨科醫生。她們科裡，醫生少，而病人是全院裡最多的。由於工作非常繁忙，媽媽一年裡只有十幾

天能陪我。

　　每次媽媽回到成都時，也是我最最幸福和高興的日子。

　　早上，媽媽會用慈祥又充滿寵溺的聲音喚起還在睡夢中的我。我迷糊地揉著眼睛，觸手就可以拿到媽媽放到床邊的乾淨衣服。當我走到洗漱臺邊，看到牙膏已經擠好了，水杯裡也倒上了溫度適宜的水。洗完臉走到廚房，餐桌上已經擺好了早餐。

　　我的書房總是被媽媽收拾得乾乾淨淨，書整齊地碼在書架上，書包也是整整齊齊的。偶然忘帶學具或作業本時，媽媽會用最快的速度送到學校，以免我被老師批評。放學時，總能在人群中找到翹首尋找我的她。到了家，我就能享用豐盛的晚餐了。我做作業時，不管多麼晚，她也總會在一邊耐心地「監督」著我。晚上我有踢被子的習慣，她會每隔一個小時就到我房間來給我蓋一下被子，翻一下身。

　　在這些衣來伸手、飯來張口的日子裡我無憂無慮，心情也很舒暢。直到有一天我看到來接我的媽媽臉色發白，額頭上冒著虛汗，三月份的氣溫依然有寒意，我問媽媽怎麼了？她笑著說估計感冒了，有點不舒服。然後牽著我慢慢走回家，時間比平時多了近一倍。看到媽媽難受的樣子，我心裡很難過。媽媽在拉薩工作時，經常連續幾天徹夜不睡，一天要做幾臺大耗體力的手術，還有各種學術講座，好不容易有十多天休假，我憑什麼心安理得地接受她不辭辛勞的照顧呢？

　　當晚，我便設置好鬧鐘，並與媽媽說好，明天我自己起床。第二天，我按時起床、吃早飯、上學。放學回家後，我認真地寫完作業，再也不用媽媽監督了。寫完作業，我還做了「拿手」的煎雞蛋，倒上一杯牛奶端給在沙發上休息的媽媽，想讓她也接受一下兒子的照顧。看著媽媽高興地吃著我做的夜宵，我心裡舒服極了。

　　就這樣，我快樂地享受著媽媽陪在我身邊的每一天。在這

第五章　眾人說「陪伴」

幾天裡，我沒有因為家務而耽誤學習，反而在媽媽的鼓勵下，學習進步了，懂得照顧人了。看著媽媽欣慰的笑容，我無比快樂。

媽媽的愛就像春雨，潤物細無聲，有媽媽在身邊的日子真好！

愛的陪伴

趙依蘭

人們都說家是溫暖的避風港。在媽媽的陪伴下，我學會了走路、寫字、說話、唱歌……在我心中媽媽就是照亮我心田的一束溫暖的陽光。

傍晚，我在大學裡滑旱冰，看著前面的大道，我陷入和深深的回憶。

還記得在很小的時候，我就開始學習滑旱冰。當時媽媽陪在我的身邊。因為我是第一次滑，所以媽媽一直都扶著我。我滑得很順利。媽媽見了說：「你基本的要領都學會了，那我就不扶你了。」「不！」我大聲叫道。媽媽說做就做，真的放開了我的手。我急忙抓住了旁邊的路燈，站在那裡一動不動。「快一點！」媽媽著急地說，「如果我不這樣你永遠也學不會。」我還是站在那裡，絲毫不動。媽媽看我倔強的樣子，便放了狠話：「你今天要是不學會滑旱冰，我們就不走了。」我愣了一下，我這樣下去不僅沒換來媽媽的幫助，反而得到了懲罰。我一時生氣，心裡一直喊著：「媽媽真討厭。」無奈之下我只好慢慢滑起來。因為一直在氣頭上，所以我沒看見前面有一個臺階。只聽見一聲「小心」，我「砰」地一下摔倒在地上。「嗚——嗚——」我大聲地哭了起來。媽媽連忙跑了過來，把我扶起來，拍掉我身上的灰。她看見我頭上被撞起了大包，輕輕地幫我揉了揉，可是我還是不停地哭。回家之後，我連續幾天都沒有搭理媽媽。

現在回想起來，小孩子哪懂得媽媽對自己的關愛與陪伴。媽媽當時也是為了我好，而我卻那麼的蠻不講理。我頓時感覺到了母愛的珍貴，與親情的陪伴。收起思緒，我滑向了前方的大道。

在這成長的道路上，母親拉著我的手，用愛陪伴著我，走到人生輝煌的頂點。

成長路上，有您陪伴

關程丹

在我們成長的路上，一定會有家長的陪伴。或許是一句溫暖的祝福；或許是一個難忘的眼神；或許是一個令人感動的舉動……在我成長的路上，有媽媽「嘮叨」的陪伴。

在一個陽光明媚的早晨，我坐在電視前專心地看著電視，這時，媽媽走了過來，對我認真地說道：「還看什麼電視啊，快去看看課外書，別一天到晚盯著電視。」還有些時候我吃飯前沒洗手，也會說一聲：「吃飯前要洗手，你看你的手多髒！」對於媽媽的嘮叨我已經厭煩了，直到有一次考試。

週末我在家裡復習，就為了考一個好成績，讓媽媽少一些嘮叨。考試前的晚上，媽媽還不忘在我耳邊嘮叨一句：「丹丹呀，明天考試的時候一定要注意做完題後認真地檢查一遍，不要分心，如果錯題沒有檢查出來，不是又要減好幾分？把文具準備好，不要忘記了，我說的這些你都聽明白了嗎？」我輕輕地點了點頭。

第二天考試時，我發現題還挺難的，於是我靜下心來慢慢思考，不一會兒就做完了。我開始玩了起來，突然，我想起了媽媽對我的嘮叨，我想了想，還是檢查吧，萬一沒考好，又要忍受媽媽的嘮叨。於是我仔細地檢查起來。最後，我檢查出了一兩道錯題，我這才知道我有多麼的粗心大意。

第二天，我還在擔心著自己會考不好，誰知，我竟然考了九十八分！我的心裡一陣開心，因為這多虧了媽媽對我的嘮叨。

從那以後，我知道了媽媽的嘮叨是千金也買不來的。因為媽媽的嘮叨，我改掉了許多壞習慣。在我成長的路上，媽媽的嘮叨一直陪伴著我，讓我難以忘懷……

爸爸的陪伴

父親的陪伴

周寅哲

「爸，我上學去了。」「嗯，知道了。」這就是我與父親間單調的對話，從來都是那樣的短暫，人們都說父愛無言。但正是這無言的陪伴，讓我知道了什麼是幸福。

不知為何，我總覺得我與父親間只有無言，而未有過愛。但是，我錯了……

又是一個上學的早晨，我與父親短暫的告別。一下車，一陣春風吹來，告別寒冬，帶來了春天的氣息，我深深地吸了一口氣，心情便好了起來。我抬頭望向天空，看著天上白白的雲。視線漸漸向下移動，我突然間停住了。因為我看到了一個熟悉的身影，是父親！此時，父親正站在學校大門口註視著我。看到我在看他，父親有些不知所措，像一個慌亂的孩子一樣轉身急忙走了。我呆呆地站在原地，心中不知是什麼滋味，原來，父親一直關心著我、陪伴著我。

「這次全國擊劍俱樂部聯賽的第一名是……」頓時，禮堂裡掌聲一片，我也一起鼓掌，只是這掌聲中帶著不甘和失落，這不是屬於我的掌聲。酷愛擊劍的我，參加過多次比賽，也取得了許多好的成績，可這次比賽失利，是我怎麼也沒想到的。想起當時的場景，心中不免悲傷。記得那天比賽結束後，父親陪

第五章 眾人說「陪伴」

我一路回家。一路上，我什麼也沒有說，父親也是沉默。到家了，我正打算進屋，父親突然對我說：「沒關係，別灰心！」那一刻，我心中暖暖的。原來，父親是那麼愛我的。

到了暑假，父親想讓我去體驗生活，鍛煉我獨立自主的能力。便讓我去參加香港夏令營，聽了這個消息後，除了興奮，心中不免有幾分害怕與緊張。

到了出發的那一天，我有些不安，父親走過來，默默地拍了拍我的肩膀，一直用鼓勵的目光看著我。我心中安定了許多。原來，父親的心是一直陪伴著我的。

也許，我與父親之間不會有太多語言交流，但我知道，愛不重於語言。是啊，一路上有了父親的陪伴，我永遠都不會孤單。

您的陪伴，讓我幸福

唐青爾

月亮的皎潔，是因為有星星的陪伴；大樹的挺拔，是因為有小鳥的陪伴；大海的遼闊，是因為有船隻的陪伴；而我的幸福，是因為有您的陪伴。

轉眼間，我已度過了十一個春秋。在這十一年裡，每一刻都有您的陪伴。謝謝您，爸爸！

自從我懂事時起，您便陪著我一起閱讀，一起探尋書中的奇妙世界。您的陪伴，使我從《紅樓夢》中知道了很多，香菱對文學的渴望、黛玉淒美的愛戀、鳳姐的精明幹練，以及舊社會落後的封建思想，一個世族從興盛到衰敗的過程。您的陪伴，讓我如痴如醉地讀完了《三國演義》，認識了求賢若渴的劉備、神機妙算的諸葛亮、一代奸雄曹操，還有那精彩紛呈的魏晉歷史知識。您的陪伴，讓我通讀了無韻之離騷——《史記》，對中華民族的文化、歷史有了清晰的認識，通過大量的歷史典故懂

第五章 眾人說「陪伴」

得了很多道理。謝謝您，爸爸！

每次生病，不離我左右的總是您。那次，我感冒發燒了，您急得心緒不寧，把工作上的事都放在一邊兒，一直守在我床邊。因為您的陪伴，我枯燥難受的養病時間，變得十分輕鬆有趣。謝謝您，爸爸！

還記得上學期，我剛轉學來成都時，每一節奧數課都有您的身影。您陪著我一起學習，下課後我們一起討論、一起復習，每次考試有了進步我們就會一起又唱又跳。您的陪伴，使我對奧數的有了很大的興趣，奧數的學習也變得快樂起來，容易起來。謝謝您，爸爸！

謝謝您，爸爸！您的陪伴，讓我感受到了深深的父愛；您的陪伴，讓我不再孤單；您的陪伴，讓我無限幸福！

一起散步

蔣麟洲

當我晚上完成作業以後，如果老爸不加班，我們一家三口就會出去散步，那是我最向往、最愜意的美好時光。

散步時，爸爸愛把他知道的新聞講給我們聽，我和媽媽則愛當「新聞評論員」。那一次，當爸爸講述一則關於假冒偽劣產品的新聞時，說得咬牙切齒、義憤填膺。媽媽評論說，是因為有的人太窮了，為了多賺一點錢，不惜昧著良心；我卻認為是因為那些人不踏實，想一夜暴富，急功近利；我爸補充評論道，只有政府部門監管到位，才能保證我們舌尖上的安全，我聽了很受啟發。

有雅興的時候，我們還會對對聯、一人一句地寫詩歌。一個星期五的晚上，我們在西南民族大學荷花池散步。池塘邊的垂柳在月的銀輝下搖曳，倘若我們不寫首詩讚美一下，都覺得愧對這清景無限。爸爸想出了首句「月下荷塘春」，媽媽說出了

第二句「垂柳楊花亭」，我略作思索，對出了第三句「夜幕銀輝灑」，最後老爸收句「輕歌蕩湖濱」。

回家路上，我爸又作了修改，他覺得這幾句不夠靈動，便把「月下荷塘春」改成了「月伴荷塘春」，把「垂柳楊花亭」改成了「垂柳倚花亭」，我和媽媽讚嘆不絕。我媽評論說，一個「伴」字和一個「倚」字，給整首詩歌昇華了感情。我從中又學到了一招。

所以每當放學回家，我總會抓緊時間做完作業，然後盼著我爸不加班，好陪伴我們散步，一起度過那美好的時光。

回　憶

陳宇琪

回憶過去，回憶那些美好的往事。

——題記

時光在飛，我已好久沒有回頭；歲月在流，驀然回首，才發現，自己喜歡上了回憶；才發現，成長路上總離不開他的陪伴。

童年・懵懂無知

記得我三四歲的時候，他帶我去公園玩，他扶著我，一步一步向前走，為了我，他的步履變得緩慢，小心翼翼。我笑，他也跟著我笑，只不過，我的笑是那樣的稚氣。他的笑，是那樣的粗獷。

孩提・一知半解

那是我8歲時一個初夏的下午，雖然才4點過，但天色暗沉，大雨傾盆。看著同學們一個個被家人接走，我心中很不是滋味。我一個人孤獨地站在校門口的屋檐下，本以為來接我的是媽媽，可沒料到，來的卻是他。他撐著一把紅傘向我走來，把手遞給我。那晚，他感冒了。

第五章　眾人說「陪伴」

而今・百感交集

翻看著照片，小時候的我是那樣的可愛。是他，舉著相機為我記錄下那些美好的瞬間，成為我永久的紀念。他總是默默地守護著我，看著我長大。

他就是我的爸爸。

從古至今，讚美母親、母愛的詩文有很多，可父親也一直默默地守候在自己孩子的身邊，詮釋父愛。在我成長的路上，總有他的陪伴，困難時給我鼓勵，快樂時和我一起分享。短短的陪伴二字，包含了他的多少感情，多少汗水……

一絲絲，一段段，一片片，記憶的碎片拼在一起。我喜歡回憶有他陪伴的時光。

爺爺的陪伴

爺爺陪伴我讀書

王浩旭

陪伴，這個再平凡不過的詞語對我們來說，並不陌生：親人的陪伴，朋友的陪伴，書的陪伴……而我要談的，是在這幾年中，爺爺陪伴我讀書的故事……

在我六歲那年，我就隨爺爺奶奶一塊離開父母，離開家鄉，來到紅專西路小學讀書。在這五年多的時間裡，一直是爺爺陪伴著我，關愛著我，呵護著我，他成了個名副其實的「陪讀」。

爺爺今年六十多歲，但精氣神很足，又有幽默感，頗有一番「老頑童」的氣質。他是一個從軍四十多年的「老革命」。長期的工作生涯使他養成了對事一絲不苟，正直、關愛他人，對什麼都較真的性格。退休後本應享清福的他卻坦然地接受了來成都陪我讀書的「重任」。光陰似箭，五年過去了，爺爺總是會說：陪讀的「任務」的確不輕。

陪伴

剛來成都那年，我不習慣城裡的生活。我時常會想爸爸媽媽，甚至哭啼不休，想棄學回家。為了分散我的思念之情，穩定情緒，爺爺常常逗我玩，有時陪我下棋，有時帶我去公園划船……讀一年級時，是他握住我的手，一筆一畫地教我寫字認字；當我學數學遇到難題時，他就買來輔導書，自己學懂後，再用心輔導我，直到我完全弄懂；英語他不會，沒法幫助我，他又買來點讀機讓我學習，還送我到英語培訓班補課。當我在困難面前灰心喪氣時，也是他教我如何面對困難，如何做人，鼓勵我勇敢地抬起頭來，繼續前進……

轉眼間，我已經是五年級的大小伙了，我早已習慣了成都的學習生活。隨著歲月的流逝，我看到爺爺的背更駝了，白髮比過去多了，額頭上的皺紋更深了。看到這些，我把爺爺的辛勞和執著精神化為了自己學習的動力，學習上一刻也不敢懈怠，我學會了做人，增長了許多知識，各科都取得了較好的成績，受到了老師和同學們的讚揚，爺爺也倍感欣慰。

爺爺，您辛苦了，您是一個好「陪讀」，有您的陪伴，我感到踏實，感到驕傲，感到幸福。請您放心，我一定會繼續努力，去迎接更好的明天！

爺爺

王藝

爺爺離開了人世，永遠地走了。我握著手中細長的閃閃發光的鋼筆，無言地流下了眼淚……

從我記事起，爺爺便每天推著一輛自行車來幼兒園接我。每到黃昏，他瘦高的身影便很有節奏地踱進了綠色草坪，我每次都會急急地迎上去。

兒時，我有點怕爺爺，他清瘦的臉龐上總是帶著嚴肅的表情，他不愛說話。我長大才明白：這其實是一個長輩的深沉的

第五章 眾人說「陪伴」

愛，並不能用言語表達。

讀一年級時，我總覺得爺爺喜歡嘴巴乖巧的表妹。但有一天，奶奶對我說：「爺爺常說你老實、淳樸，他想起去幼兒園接你的情景，常常樂得合不攏嘴，問你記不記得。」我含淚點頭，原來爺爺也喜歡樸實的人。

讀三年級時，我的鋼筆字寫得很難看。爺爺看了看我寫的字，掏出口袋裡的鋼筆，在我的抄寫本上寫了「五星紅旗」四個字，蒼勁有力。他深沉地說了一句：「漢字一定要寫好！」又把那只細長的鋼筆送給了我。於是，我咬著牙拼命練字，終於練得一手漂亮的字。

後來有一天，奶奶忽然心血來潮和我談起爺爺，我知道了他的身世：爺爺小時候做過童工，每天做牛做馬。新中國成立後入了黨，做起了黨政工作，勤勤懇懇。「文化大革命」中有人誣陷他是「走資派」，他為人正直，沒有低下頭。幾經滄桑，他變得消瘦、多病，卻仍對國家有一腔無言的深情。「漢字一定要寫好！」那低沉的聲音又回響在了耳邊。頓時，爺爺的身影高大了許多。

我在慢慢長大，爺爺卻越來越衰老。他的臉越發瘦了，蠟黃的臉上布滿了皺紋，聽媽媽說他得了癌症，是不治之症。爺爺心裡明白，卻很從容。躺在床上聽廣播、看報紙，還時常侍弄他在天井裡種的葡萄。

正當葡萄成熟時，奶奶怕蚊子，把葡萄樹拔了。爺爺很無奈。沒多久，爺爺就走了，沒有遺憾地走了。

思緒斷了，我握著那只細長的鋼筆，又流下了眼淚。這鋼筆讓我記起心胸寬廣的爺爺，我記得他那顆對親人、對生活、對祖國充滿樸實深沉的愛心，記得他陪伴我的那些時光。這些記憶將會化成一顆閃亮的星，陳列在我記憶的櫥窗內。

陪伴

奶奶的陪伴

最幸福的事是陪伴

張鳴枝

我能想到最幸福的事，就是婆婆能夠陪伴我成長，我能夠牽著婆婆的手一起在夕陽的餘暉下漫步，一直到老。

婆婆對我的陪伴，是小時候，每天不厭其煩地把我送進幼兒園的大門；是現在，每天滿心歡喜地迎接我走出校門，高高興興地牽著我過馬路，替我背書包。陪伴是一種持續的關愛。

婆婆對我的陪伴，是努力向上的一種鼓勵。小時候，婆婆和我約定：一起早睡早起，一起吃早餐，我們還會一起興奮地跑去坐班車，爭坐班車的第一排。這也一直鼓勵著我積極進取，事事爭先。

婆婆對我的陪伴，是暖暖的嘮叨。她讓我每天按時寫作業，提前預習，認真復習，在學習上踏實勤奮，在生活上注重細節……婆婆的嘮叨如春風如細雨，時刻陪伴在我的身邊，牢記在我的心裡。

正因為婆婆的陪伴，使我能享受到跳完健美操後大汗淋漓的釋放；正因為婆婆的陪伴，使我能感受到一首鋼琴曲有多麼的優雅美妙；正因為婆婆的陪伴，我才能知道做完一道奧數題後的喜悅；正因為婆婆的陪伴，我才有如此多的興趣愛好，有了那麼多的榮譽稱號，我為之喜悅，婆婆為之驕傲。

轉眼間，我已經長大了，而婆婆的白髮卻在慢慢地增多。最近，婆婆病了，每天都需要戴著呼吸機和吸氧器，病痛折磨著她，昔日婆婆對我照顧有加，如今應該是我對她施以反哺之恩的時候了。

每週回到家，我一定會抽出一些時間為婆婆按摩，讓她能

夠舒舒服服地過一天。有時候，犟脾氣的婆婆會因為治療的枯燥而想要放棄，我因為上學不能陪伴在她的身旁，可我每天都會發短信鼓勵她，告訴她把病魔看作挑戰，把信念當作武器。

生活因你的陪伴而多姿多彩，但陪伴並不是時時刻刻都得待在你身旁，而是每時每刻你心牽著我心，我心掛著你心。

最幸福的事

孫茜希

世上最幸福的事就是有一個信任你、愛你、與你分享一切的人陪伴在你身邊。這個人可能是你的父母，還可能是你的兄弟姐妹，也有可能是你的老師、朋友……而那個陪伴我的人，正是我的婆婆。

說到我的婆婆，她並不是一個特殊的女人。她矮矮的，頭髮很短，並且是花白的。皺紋就像一條一條大小不一的蚯蚓爬滿了她的臉頰，使她看上去是那麼蒼老。不過，婆婆的力量和精神並沒有隨著外表的變老而減弱。

在我一年級的時候，我得了急性闌尾炎。在學校，我不住地嘔吐，婆婆知道後立馬趕到學校來接我，把我送到家並安頓好我後，她則去了醫院。一開始她去了兒童醫院，掛了號後又回來接我到醫院看病。醫生說是感冒，於是我輸了兩天的液，而婆婆則一直看著我。

兩天後，病情仍不見好轉。婆婆覺到不對勁，便立馬帶我來到外科醫院。當查出我是急性闌尾炎時，婆婆臉色鐵青。在我生病期間，婆婆不僅守在我身邊，還陪我看書，晚上還給我蓋被子呢。

等我病好出院後，婆婆松了一口氣。我望了望她，笑了。

還記得有一次，我去買棒棒糖，非要一個人去。婆婆怕我出事，便跟在我後面。其實我知道，但我還是默默地走著。

陪伴

有這樣陪伴我的人，我會還不幸福嗎？

朋友的陪伴

「小老師」的陪伴

辜馨怡

陪伴，或許是一個眼神；陪伴，或許是真誠的傾聽；陪伴，或許是開心地交流。陪伴可以是父母與孩子的成長；陪伴可以是老師與學生之間暖暖地問候；陪伴可以是朋友之間的親切關心……而令我刻骨銘心的是一次陪伴，是我親愛的「小老師」帶給我的陪伴。

瞧！那是誰呀？瘦瘦的，高高的，亭亭玉立。一雙水靈靈的大眼睛總是炯炯有神，烏黑發亮的頭髮扎成了長馬尾。她，就是我的「小老師」——袁藝銘。

袁藝銘不但外表美，心靈也很美。記得那是一個寒冷的早晨，我很早就來了學校，教室裡只有很少的人。窗外寒風「呼呼」地吹著，雨水拍打著窗戶，發出「啪嗒，啪嗒」的響聲。而在教室裡的我，手握著筆瑟瑟發抖。有一道數學題，像一隻攔路虎一樣擋住了我的去路。我絞盡腦汁也做不出來，急得像熱鍋上的螞蟻一樣。

正當我束手無策的時候，袁藝銘一身濕漉漉地進了教室。她一眼就看見了我，走到我面前，親切地問：「辜馨怡，你怎麼了？沒事吧？」我弱弱地回答：「沒事，只是有道題不會。」袁藝銘聽了我的話，立馬把頭轉向了那道題，想了一會對我說：「我會，我來教你吧。」我像抓住了救命稻草一樣，高興地說：「好啊！好啊！」袁藝銘用她那柔和的聲音，像小老師一樣給我講解起來：「這道題比較難，用方程來解就容易多了。」袁藝銘一邊說，一邊在草稿紙上給我寫了未知數該怎麼設，方程組怎麼寫。

第五章 眾人說「陪伴」

我認真地聽著，終於知道這道題該怎麼做了。她講得深入淺出，我很快就攻克理了這道難題。

袁藝銘為了給我講題，不顧身上打濕的衣服，在這個寒冷的早上一直陪伴在我身邊。袁藝銘的這一舉動猶如雪中送炭，猶如在酷暑中為我送來一眼泉水，猶如⋯⋯

如果說友情是船，那麼陪伴就是船上的帆；如果說親情是大海，那麼陪伴就是海裡的一滴滴水⋯⋯而袁藝銘給予了我這一切。

寵物的陪伴

陪伴

邱方欣睿

兩年前，我家新添了一名成員，它就是我們家的狗狗——安莉

它剛來我們家時就是名副其實的「野丫頭」。一會兒，它在我們家到處亂跑，在婆婆剛拖的地上「畫」上了許多腳印；一會兒，它又把我們家的鞋叼得到處都是，把爸爸給氣壞了；一會兒，它又把我們家的衛生紙給扯了出來⋯⋯真是又好氣又好笑。我下定決心要慢慢調教它，把它培養成「名媛淑女」。

每天，我早早地起來，餵它吃飯，並輕柔地撫摸著它；有空閒的時候，我便會帶它去散步；我還彈鋼琴給它聽，培養它的「文藝細胞」；我閱讀書籍時也讓安莉在一旁傾聽，增加它的「文學修養」；當安莉犯錯誤時，我不會打它，吼它，而是給它講道理，因為我相信，我對它這麼好，它一定會聽我的話的。就這樣，我和安莉之間的友誼也慢慢建立了起來。

幾個月後，經過我的調教，安莉已經成了一只具有淑女風範的狗，不再是剛進家門的那個「野丫頭」了。而且我們也成

陪伴

了知心朋友。有一天晚上，爸爸媽媽出去了，我和安莉留在了家裡。外面狂風吹打著臥室的窗簾，樹影飄忽，我汗毛都豎起來了，心想：「啊！不會有鬼吧！」這時，我的安莉來到我的身旁，我立刻感覺救星來了，安莉伸出它那軟軟的小腳，前腿站在我的膝蓋上，後腿立在地上，小尾巴不停地搖動著，紅潤的小舌頭舔舔我的手，那雙烏黑的小眼珠滴溜溜地望著我，好像在安慰我說：「別怕，有我呢！」看到它這副可愛的模樣，我把它抱起來，它的小腦袋靠著我的手臂，兩只前爪抱住我的左手，將我的一根手指頭輕輕地含在它嘴裡，它還把它的肚子對著我，示意我給它撓，撓得舒服時，它便把眼睛閉上，享受這份幸福，而我也漸漸不感到害怕了……當爸爸媽媽回來，看到了這一幕：我睡在我們家的沙發上，安莉的頭靠在我的腿上，我們相互摟著，睡著了。

當我有心事時，安莉準能猜透我的心思。有一天我覺得無聊，不知道該玩什麼。這時，安莉衝著門狂吠，還把它的玩具小球叼來放在我的腳邊，我立刻心領神會，拿上球出門了，安莉也跟著我屁顛屁顛地來到小區樓下。我剛把球扔出去，安莉就像離弦的箭一樣衝了出去，它的四只腿前後飛快地跑著，鐵了心地要把球追回來。等安莉把球叼回來時，它的身上卻粘上了許多樹葉和雜草，這些雜草讓安莉像個全身穿戴著奇裝異服的小醜，樣子十分滑稽，逗得我哈哈大笑，心想：「安莉可真是個活玩具！」我的無聊也在哈哈大笑中一掃而空。

兩年過去了，安莉一直陪伴著我，我們成了最最知心的朋友。我真希望安莉能一直陪伴著我，我一天天地長成一個大姑娘，它一天天地長成一只最淑女、最可愛的大狗……

第二節　父母眼中的陪伴

「教女無方」的老爸

邱昌建

「我再也不教你女兒了，從未看到過這麼笨的人，笨死了，氣死我了。教了幾十遍都還不會！」。電話中老婆大人不停地抱怨，氣憤的情緒可想而知。「小孩還小，你不能把她當成你教的大學生一樣來要求。她是班上年齡最小的，又沒有讀過學前班，剛上小學有點困難也是正常的。要求不能太高、太快，要根據女兒的特點循循善誘，不能拔苗助長。你不是學過教育心理學的嗎？」。「你來教嘛，不是說好你輔導數學的嗎？」「好，好，好，一會我就回來輔導她，以後我來輔導她數學。」

剛擺平老婆大人，手機又不停地響起來了，一看是家裡的座機，一接通就是女兒痛苦的哭聲，「嗚—嗚—嗚—媽媽說我笨。老是說我做錯了，說我不會。」女兒委屈、受傷害的哭聲撞擊著我的心靈。沒有笨小孩，只有不會教育的父母；陽光教育；挫折教育……無數個所謂的教育理念飛速的閃過我的大腦，但又被我火箭般地排除，心中只有一個念頭：目前最好的方式就是穩定小孩的情緒，緩解家庭的氣氛。「乖乖，不哭，告訴老爸發生了什麼事情？」

在女兒抽泣般斷斷續續的講述中我終於明白發生了什麼事情：女兒剛上小學一年級，放學回家後做數學作業，一道題不會，問爺爺（爺爺是高級工程師），爺爺講了多次後發現女兒還是一頭霧水，睜著迷茫、天真的大眼睛盯著爺爺，爺爺受不了了，剛好爺爺得意的女兒、孩子的媽媽回家了，大學副教授的

陪伴

媽媽心想不就是小菜一碟，順手掂來的事嘛，輕裝上陣，但不到一會兒就敗下陣來，對著女兒「咆哮」了一陣，望著女兒憤怒的快要冒出火焰的眼睛、孫女困惑、仍迷茫但明顯比剛才有神卻充滿恐懼的眼睛，爺爺借口下樓有事「躲避」去了，兩個都感到委屈的女人分別打電話給了不在家的老公、老爸。

女兒哭訴完以後，情緒漸漸地穩定了一些。我心急火燎地趕回家之後，仍能感受得到緊張、沉悶的家庭氣氛，以及女兒的抽泣聲。女兒坐到我大腿上之後還在斷斷續續不停地投訴著媽媽，揪揪女兒漂亮的小臉蛋、刮刮小鼻子、擦擦眼淚、拍拍背，一系列動作之後女兒停止了哭泣，聽著老爸講老爸讀書的經歷：爸爸沒有讀過幼兒園，也沒有讀過學前班，在農村長大後到了爸爸讀的那所小學，培訓20天後考試只考了24分，排名第二，是倒數的哦。剛開始的時候學校還不準備要老爸讀書的，是老爸的老爸求情後才讓老爸上學的。之後老爸的成績逐漸讓人刮目相看，初中、高中、大學、碩士，學習是一場馬拉松，不能著急的，老爸和你一起努力，肯定能行的。聽著有老爸墊底的經歷，女兒破涕為笑，和我擊掌為盟之後，開心地吃飯去了。飯後玩耍了一段時間，我才和女兒一起看看究竟問題是出在了什麼地方。看著女兒似懂非懂的點頭樣，我心中咯噔了一下，看來她這一段時間都需要老爸陪同做數學作業了。

在以後的一段時間，陪同女兒做數學作業成了我的另一份工作，爺爺、媽媽的感受讓我感同身受，心中的怒火好幾次冒到了嘴邊，又靠我深厚的功底活生生地咽了回去或到家人看不到的地方迅速地吐出。我在心中無數次地告誡自己，「耐心、耐心、再耐心」，每次女兒「哦、哦、哦」的聲音對我而言就是最好的回報及滅火劑。每次在我快要失望、絕望的時候，女兒又給我無限的希望，在我們認為其某道數學練習題肯定做不對的時候或數學考試肯定考不好的時候，女兒一次次顛覆了我們的

第五章 眾人說「陪伴」

想法。當我們重塑希望，女兒又一次次澆滅了我們的希望，「應該懂的嘛，前天才講過的嘛，應該做得起的嘛」。

在反反覆復的拉鋸戰中，我明顯感覺到了女兒的偏科情況。她喜歡閱讀、喜歡作文，語文完全不需要我們操心，而且不讓她讀書、不給她買書她還會生氣。而對於數學，她曾連續1～2周給我們說學校沒有布置作業，讓我們好感動、好興奮，中國的教育終於與先進國家同步，教育部反反覆復說的減負終見成效。我們高興了沒到兩週，就在其同學那知道了其實每天都有數學作業的。家人都怕她產生厭學情緒，怕處理不好這個事情。作為老爸，我理所當然也責無旁貸地同女兒好好溝通了一下。為什麼不做作業，為什麼撒謊，從哪學的？心中有無數個迫切需要知道答案的問題，女兒以前從來沒有撒謊過。「太累。從孫子兵法上學的，第一計，暗度陳倉。」一般而言，學習確實是挺累、挺苦的，女兒說的是對的啊。暗度陳倉，活學活用，而且用的這麼好，這麼自然，沒留一點破綻，每天對我們說沒有作業時是臉不紅、心不跳的，心理素質比我還好，我是該誇還是該揍其一頓呢，弄得我是哭笑不得。

認知治療、行為治療、獎懲治療……無數個方案閃過之後，「玩是最好的學習方式」，突然想起不知是哪位學者講過的，還是我經常告誡我的來訪者的。因為自身的專業，我看到了許許多多的問題少年及其家長的教育方式，如果只有唯一的選擇，我只希望我的女兒是個快樂、健康、通情達理的人即可，這在給她取名字時就充分體現了我的希望。我帶著女兒到公園瘋狂地玩耍了一天，到高檔餐館海吃，只字不談學習、不談作業，第二天繼續海吃海玩，弄得她精疲力竭，最後女兒自己說「不玩了，玩夠了，玩也挺累的」。「做不做作業呢？」「做。」「累了咋辦？」「玩。」真理啊！勞逸結合才是最佳的學習方式，為什麼平時沒有注意讓小孩有機結合呢？

騎大馬、喂兔子、喂雞、喂鴨子、喂狗、喂魚、喂烏龜、栽花、釣魚、野外活動……不管是女兒想做的，還是老爸我想借女兒名義做的，能嘗試的都可嘗試，最後我發現女兒最喜歡的還是寵物狗。她對著泰迪犬讀書、彈琴、講故事，學習的熱情與日俱增。也反覆思考、研究了女兒為什麼喜歡語文。家人的表揚、媽媽對其買書慾望的滿足、對狗讀書，等等不斷強化著其對語文的熱愛。對數學的不自信、害怕、畏難情緒還困擾著女兒，也可能是女生的性別特徵，使其對數學始終沒有充足的熱情。「邱家秘訣」，就像倚天屠龍記中金毛獅王教張無忌秘訣一樣，先記住、背住，以後再慢慢融會貫通。我和女兒一起歸納總結題型中的共同之處，縮減成最容易記住、背住的秘訣和公式，先會用再說。「考試神器」，考試當天老爸早早地起床用烤蛋器弄個「一根竹籤，兩個雞蛋」——100 分。勵志動作，考試前握手、振臂一揮，「加油」。分數不重要，90 分跟 95 分沒區別，95 分跟 100 分沒區別，自己努力了、盡力了就問心無愧，在老爸眼中你就是最棒的……

無數的花樣，只有想不到的，沒有做不到的。漸漸地，老婆大人不再生氣了，女兒天真無邪的大眼睛又充滿了光芒，「老爸、老爸……」女兒做數學作業時叫老爸的次數越來越少了，「兩個 100 分」，期末考試的成績一下讓老爸釋懷了，也失落了。女兒經過半年的努力，跟上了同學的節奏。回想這半年，再想起小時候叫女兒做「耶」手勢時（V 手勢），她的食指、中指老是要靠在一起，要用另一只手去掰開，為此不知被我們說過多少次，但一段時間後不知不覺中自然就分開了，而且做得比我們都還萌、還優雅；也想起參加女兒學校組織的親子運動會時，不同年級的隊列表演真是相差巨大，從提著褲子、掉著鼻涕的「娃娃兵」到極老練的「正規軍」，智力的發展在小學階段簡直是一天一個樣，「揠苗助長」「不能輸在起跑線上」這小學階段

至少違背了發展心理學的精髓。

女兒逐漸能自我學習，老爸的時間也越來越多了，父母是小孩最好的學習榜樣，為了踐行、也為了向女兒證明「學習是一場馬拉松」，堅持、執著、不輕言放棄，我決定陪女兒一起學習。同女兒溝通以後，女兒也希望老爸和她一起繼續學習，相互監督、鼓勵。復習、考博、讀博，伴隨著女兒的成長。

談到對女兒的教育，其實是女兒教育了我。女兒是一個獨立的個體，有其自己的思維、想法、情緒，不能簡單地用書上的、別人的教育模式去「捏泥人」，要用心去觀察、理解、體會，像園林藝術家做盆景一樣，順勢而為，量體裁衣，保持足夠的耐心，適當的時候敲敲補補、牽牽拉拉、幫幫襯襯。在同女兒見招拆招的過程中，有時我都懷疑自己是不是教女無方，抑或是達到了武學的最高境界：看似無招，其似有招。但不管如何，正是對女兒的愛陪伴著我及女兒的成長，也讓我做到了成為一個「有心、耐心、愛心」的「三星級」老爸。

永遠的陪伴

林潔

白居易曾詩《舟中讀元九詩》感念元稹：「把君詩卷燈前讀，詩盡燈殘天未明。眼痛滅燈猶暗坐，逆風吹浪打船聲。」解讀者一直關注於詩中傳達出的思念和貶謫的淒涼，而我一直喜歡宇文所安在提到碎片美學時對此詩的另一視點。他提到，在物理世界裡，我們總會遇到終結和限度：詩卷到頭了，油燈快點完了，眼睛的承受力幾乎到頂了，然而，每一次快到終結時，每一次快到限度的臨界點時，都轉換成一種延續性，他熄滅了燈光，東方卻已晨曦微現，他的朗讀聲停住了，然而水聲卻嘩嘩作響。沒人告訴我們元稹的詩說了什麼，也沒人告訴我們白居易讀時的感受，此詩是一斷片，這則斷片足以使我們朝整體

延續下去。

這種「延續」和「轉換」有一種無可抗拒的通達的美。對於陪伴孩子，我們總有太多無奈：繁華的世界，瞬息萬變的資信，曾經可以細細品味的一切都變換了外衣在人們面前快速地滑過，足以使人變得浮躁不安，常常感覺內心有一雙鴕鳥的腳在不停地奔跑、奔跑。而孩子成長的步伐，卻拽著我們輕輕地，有力地呼喚著：慢些，慢些，慢些……

然而怎麼能慢下來呢，工作的壓力，忙碌的生活，我們能留給孩子多少時間？曾經在女兒一歲多時，我缺席了她的生活長達一年十個月之久，而她的父親，更是長期缺席，這是我每每想起就心疼不已的往事。然而，當孩子漸漸能更好地交流，我也漸漸在尋找平衡點，希望最大程度降低這一段時光對她成長造成的傷害。於是，在接下來的日子裡，我奉行著兩點原則：其一，孩子在遇到某些最需要陪伴的事情時，我無論如何要在她身邊，甚至將工作暫且擱下，將「陪伴」做得事半功倍。其二，將有限的陪伴轉化到更廣闊的天地之中使之延續，即使不在孩子身邊，孩子也能感覺到和媽媽在一起。有限的陪伴如同熄滅的油燈，卻為孩子迎來了晨曦，有限的陪伴如同到頭的詩卷，而孩子卻會掩卷沉思。正如我們假設當年，元稹在讀過《舟中讀元九詩》後，能知道無論是讀元九詩還是寫元九詩，白居易在詩盡燈殘，眼痛滅燈後還坐在黑暗裡繼續思索著，甚至留詩千載。

如今，女兒的畫中我的出鏡率非常高，她總會畫我和她在干各種各樣的事，無論我在還是不在。幾天前她拿著一幅畫，畫中的我和她在熟睡中滿臉帶笑。她告訴我：「美術老師讓我們畫最愛的人，我就畫了你，媽媽一直在陪著我，我做噩夢的時候，媽媽抱著我，我也抱著媽媽，我就做美夢了。」這是她在畫這幅畫前一晚上的親身經歷，我明白了，這個噩夢被安慰的夜

晚讓她感覺到了美好。在她的世界裡，媽媽再也不會缺席，而會一直踏實地陪伴著她，給她安全，直至永恆。

矛盾的化解

尹邦志

大米五歲生日那天，我們提著蛋糕，把她送到了青城學堂。這是一個私塾，因為地震的原因，離開了原來的辦學地點青城山，暫時借住在郫縣郊區的一棟樓房。我們在市內拜訪了幾乎所有的私塾，他們一致推薦我們到這裡。那一天，我們不能過多停留，跟老師說好了，也就走了。大米和她的姐姐———一個朋友的女兒，流著淚目送我們，被迫留了下來。

按規定，我們只能一個月見他們一次，可以接回家住兩天。可是，第二個星期的時候，我們兩家家長未經許可，偷偷進了學堂。下課時，她們發現了我們，立即跑過來，像爬樹子一樣，緊緊地抱著各自的爸爸，大聲哭泣著，上氣不接下氣，要求立即帶她們離開這個鬼地方。我們哄著她們，安慰著她們，陪著她們，無法做出任何決定。

上課了，她們都不願意回教室。我陪著大米，她才勉強坐到了書桌前。老師開始領讀經文，要求小朋友坐端正，用右手食指指著字句，眼睛看著書本，耳朵聽清老師的念誦，嘴裡跟著老師讀。大米是一個聽話的孩子，帶著哭腔，開始跟著老師讀經。我始終安靜地在旁邊陪著她。這一節課是四十五分鐘，讀到十多分鐘時，她就平靜下來了。到二十分鐘左右，她一邊讀，一邊回頭衝我笑了。

那一刻，我非常感動，也是刻骨銘心的一個記憶。我仿佛領會到了讀經的力量。我當時的想法是，雖然孩子很小，不懂經文的內容，但這樣形式的讀誦，卻可以讓人身心放鬆，忘卻煩惱。因此，我毫不猶豫地把她留在了那裡，和其他人一起回

家了。

　　現在想來，我可能忽視了另一個重要的因素，就是我陪在她的身邊對她的作用。當然，時過境遷，究竟是不是這樣，也沒有辦法去探明真相了。

　　她六歲半的時候，我把她接回來讀小學。那時候，我看著她，總覺得她是一副可憐兮兮的樣子：身材很矮小，很瘦弱，很聽話，不肯多說話。我喜歡的女兒，應該是一個略微有點瘋的樣子。我希望她有些變化。

　　我相信「心寬體胖」這個道理，為了健康成長，我想讓她放鬆一些。我對他說：「爸爸喜歡調皮的娃娃。」這句話對她的影響很深，我相信她是記住了。儘管這是跟學堂完全不同的要求──學堂裡實行的是比較嚴格的「禮儀之道」，但她還是很快適應了，逐漸放鬆了下來。除了花很多時間帶他到外面玩，我會不自覺地去抱她。她晚上或中午爬到我床上來睡覺，我隨時都歡迎她。我們會編一些故事，以她的小朋友為主人公，杜撰一些離奇的情節。儘管她已經不小了，但是我並不十分強調她要獨立，要一個人面對一切。此外，我們經常互相打鬧著玩，以至於她以欺負我為樂。後來在我們同事一起外出的時候，在「國際場合」，她也恣意地欺負我。

　　因為從小養成了素食的習慣，她到小學校裡不自覺地堅持了下來。學校的午餐裡面有肉，她就挑出來，不吃。浪費糧食是我所不能容忍的，我就和老師商量帶午飯到學校來。班主任李老師很和善，答應了我的要求。她問我是不是要放一個微波爐在他們辦公室，我後來是買了一個保溫效果不錯的飯桶，解決了這個問題。老實說，我並沒有把給她做飯這件事複雜化。儘管是素食，我也沒有講究營養搭配，只是每天給她換不同的菜品，做不同的口味而已。雖然我做飯的水平有點丟四川人的臉，那些飯菜她還是能夠接受。而且，她堅決拒絕下館子。我

第五章 眾人說「陪伴」

只好當她的專職廚師。大米居然就像見風長一樣，胖了起來。

同事和朋友都說大米明顯變了。看著她從裡到外煥然一新，我在心裡默默地感謝，感謝我所信仰的佛法，感謝她。我不相信這是我的努力的結果，倒願意認可這是生命的自然綻放。

從學堂到學校，她的內心是極其抵觸的。這種抵觸也導致我們之間的矛盾。好在她在學堂裡學會了自己要求自己，因此她的校園生活還能平靜，課後的作業也能在我的幫助下完成。語文李老師和數學齊老師都是無微不至地關心孩子的好老師，這一切都讓我放心。她不喜歡學習，我也沒有提什麼要求。我相信她會自己成長。特別幸運的是，她很喜歡英語老師巫老師——他們叫她「伊琳娜」。不知道最初的時候伊琳娜是不是特別地關照過她，但在我接送她的路上，或在家裡的時候，她經常會提起巫老師。有時候在路上會碰到上班的巫老師，她老遠就會興奮地喊叫。她的英語逐漸好了起來，這大概讓她在學習上獲得了一些自信，她也喜歡語文、數學和其他的科目了。

這樣，我最難的難關也就算是過去了。

到青城學堂，是我強迫她去的。在她喜歡上那裡的時候，是我強行讓她上小學的。她終於接受和我，和老師、同學在一起的生活了。但是，我很感謝青城學堂的老師，她教給她的東西，是我教不了的。她永遠都是她的啓蒙老師。所以，我還是會帶著大米專程去看望她，讓老師放心，她的弟子會繼續成長。同樣的，紅專西路小學的老師教給大米的東西，也是我教不了的，我也要感謝學校的老師。我要陪著她長大，但我不能不讓她進學校。我也相信，我陪著她，她也會喜歡上學。

第三節　老師眼中的陪伴

陪伴你，慢慢走

李曉宇

今天是 2014 年 8 月 30 日，我在教室裡對教室布置情況做最後一次檢查，早在一個星期前我的假期就提前結束了，為了迎接即將步入小學生活的這 49 個孩子的到來！別的老師已經結束工作回家了，我拿著全班孩子的名單在心裡默記起來，這是我的習慣：每接一個新班我都會在沒見到他們之前把他們的名字牢牢記住，第二天固定好座位後，我就會對號入座地記住每個人，我經常為自己的這點「小技巧」感到自喜。見到老師的第一天，老師就能叫出自己的名字，這對一個 6 歲的孩子來說是多麼欣喜啊！

第二天，孩子們如約而來。也許是自己也當了媽媽的緣故，對這批孩子我更有親切感，見到他們胖嘟嘟、粉粉的小臉我總情不自禁地伸出手去捏上一捏。一個瘦瘦小小的小女孩躲在媽媽身後使勁拽著衣服，扭捏著身子不願在座位上坐下來，小嘴癟著，如果不是見有這麼多人我想她一定早號啕大哭起來，「拉鋸戰」繼續著，媽媽顯得不耐煩了，拋下一句：「李老師，麻煩你了，我走了！」疾步走出了教室。小女孩傻眼了，看看我，看看別的在一旁鬧哄哄的小夥伴，再看看我，淚珠開始在眼眶裡打轉。我微笑地走過去，輕輕地呼喚：「王×，怎麼了？」女孩驚異地看著我，顯然對我能知道她的名字感到很意外。「我是李老師，你有什麼需要我幫助的嗎？」孩子的目光放鬆了許多。「如果你害怕，老師陪你坐下來，好嗎？」是啊！有什麼值得害怕的

第五章 眾人說「陪伴」

呢？以後的日子我會陪著你，陪著你們，慢慢走。

陪伴是耐心的等待

今天一位家長給我打來一個電話，內容如下：

李老師：您好！我是陳×的媽媽。我想讓您知道今天孩子到家第一句話說什麼，他說：「媽媽，最近李老師特別關心我，讓我有時間就到他的辦公室去做作業，做的是李老師自己書上的作業。所以，我要到書店去重新買一本書，好好學習。」我聽了非常驚訝，因為我的兒子我知道，一直調皮，不愛學習，上課注意力也不集中，才開學已經犯了幾次錯誤了，幾次單元考試都是最差的。所以，我聽了他的話，自然半信半疑，問他李老師還找了誰單獨輔導沒有？陳×說：「李老師在班上找了三個學生，我跟他們比起來是最差的。但是，我在李老師那裡做了題目以後，李老師都給我改了，錯了的題目一道道幫我分析了，還重新又給我打了個100分。不信，您打電話問李老師。」看到孩子自信的樣子，我相信他的話了，也特別高興。

李老師，第一次見到您，在我腦海中就留下了深刻的印象。那天到學校，陳×叫我給他買一本什麼資料書，我不知道什麼書名，就讓去陳×問您，他走到您身邊一問，我兒子就被您拉到懷裡抱了抱，那時，我內心是無法說出的感動。您真的好親切啊！

我兒子說，李老師最近為三個同學單獨輔導了，特別是對他特別關照。陳×說：「老師這麼重視我，我一定要好好學習。」所以，我也帶他去書店，他自己挑了一本課外書。真的非常感謝您！

聽到他媽媽的這些話，我感到很欣慰。每個孩子都像不同時節的花朵，有的盛開在絢爛的春天，有的綻放在凜冽的寒冬；有的只需一季便奪人眼球，有的則需漫長的積蓄才長出花蕾。陳×就屬於後者，在他的花期裡，更需要周圍人如陽光般的鼓勵

陪伴

與等待，而這種等待往往很值得！

陪伴是內心的理解

中午吃過飯後，我在教室裡批作業，孩子們有的看書，有的寫字，隔壁班的老師匆匆跑來：「李老師，快點去，那個好像是你班的李××，在假山池那邊爬樹了。」我一聽，放下手中的紅筆，順著同事手指的方向看去，果真是李××。於是，我急忙跑過去。他見我跑來了，便不再往上爬，我趕緊去托住他的腰腿，扶他下來。本想狠狠地批評他一頓，可看到他低著頭，緊張害怕的樣子，話到嘴邊又咽了下去。我俯下身子，拍拍他身上的塵土，問：「你爬到樹上想去干嘛呢？」

「我想爬高點，能看到更多的小魚。」

「小魚？哪裡有？」

「老師，你看，假山池裡有很多小魚。」他指著樹邊的假山池說。

我走近池邊，發現裡面真的多了很多紅鯉魚。原來是前天學校把假山池裡的水重新換了一遍，又新買了一批鯉魚放進去。這小家伙倒是很細心，發現了這個「秘密」，在獨自欣賞呢。

「你很喜歡小魚嗎？」

他點點頭。

「那爬到樹上去看小魚，合適嗎？」

他搖著頭說：「不對。」

「你能知道自己不對，說明你是聰明的孩子。以後請你來做這些小魚的警衛員吧！」。

他瞪大眼睛，好奇地望著我。

「不過，老師有個條件，你得說說為什麼不能爬樹？」

「老師，我知道，如果摔下來，會很疼的。」

「你看，這樹邊都是假山石，不小心摔下來，肯定會流血受

傷，嚴重的話會有生命危險。這樣，老師會很著急擔心，爸爸媽媽該有多心疼呀！」

「我下次不爬了。」

我伸手輕輕搖晃樹枝，又說：「李××，你看，這樹長得多茂盛呀！為我們的校園增添了不少美麗。如果大家都像你這樣來爬樹，會怎樣呢？」

「樹枝會斷掉，小樹可能會死掉，這裡就沒有這麼漂亮了。」

「你說得很對，樹、小魚跟我們人一樣都有生命的，生命是最寶貴的、也是脆弱的。生命如果發生什麼意外，會留下永遠的傷痕。我們要珍愛自己的生命，也要熱愛大自然中富有生命的動物、植物，你說呢？」

「老師，我知道了。」

陪伴是自由的放手

今天上《春天的手》，我準備示範朗讀，於是對孩子們說：「李老師讀這首兒歌之前有個要求，你們要認真聽，聽完後覺得老師讀得好的，請用掌聲表揚我，誇誇我讀得棒；你認為我讀得不好，就不鼓掌。」

我讀完，全班孩子居然都鼓掌了，都伸出右手大拇指誇我：「嗨嗨嗨，你真棒！」我提示道：「對老師應該說『你』還是『您』？」「您！」再來一遍。「嗨嗨嗨，您真棒！」我故作陶醉的樣子，笑容可掬，小不點們眸子裡也蕩漾著笑意，師生似乎潛意識裡達成了某種默契。只不過雙方笑的含義不一樣，或許孩子們覺得能表揚老師，機會難得，我卻感到一年級的孩子實在是天真可愛。

我趕緊握著教鞭當話筒，走下講臺去採訪：「你認為李老師為什麼讀得好呢？」

劉××：因為您讀得很流暢。

教師：哦，我沒有讀得結結巴巴。

顏×：因為您把字音有的讀得輕，有的讀得重。

教師：對啊，這個小竅門李老師早就告訴大家了，讀得有輕有重才有味道。假如都讀得輕輕的，或者重重的，肯定難聽。

趙××：因為您讀的時候有動作。

教師：嗯，我不是木偶，當然有動作啦。我剛才發現石××在位子上自由練讀兒歌的時候，手劃來劃去，也加了動作。石×× 很厲害。

鄺××：您讀得好聽。

教師：因為兒歌比較押韻，老師讀得朗朗上口，有節奏感，所以你才覺得好聽。

張×：您讀得有感情。

教師：是啊，如果你背課文、背兒歌都有感情，有表情，別人一定誇你讀得好！

方××：因為李老師天天晚上寫字、讀書。

教師：如果你想讀得和老師一樣棒，回家一定要多練習哦。

瞧，孩子們的評價多到位多精彩，千萬別低估了他們。

教育就是一種陪伴，是期待，是牽手，是心動，包含著真情的問候，培植著理性之魂；教育要求我們教師以心靈贏得心靈，以人格塑造人格，陪伴孩子一路同行！

陪　伴

馮繕

站在我眼前的是一個非常愛笑的小男孩，他11歲多了，我以前教過他三年多的數學。也許是感受到我對他熱情開朗的個性的欣賞，他有時課間會來辦公室找我，只為了跟我分享一個有意思的新笑話。

這一天，他又來找我，看著他微皺著的眉頭，我猜想今天

第五章 眾人說「陪伴」

的笑話也許不太好笑。結果他在我身邊躊躇了一會兒，上課鈴響了，他急切地說了句：「下節課下了我再來。」就飛快地離開了，感覺像是松了口氣。

再次下課的時候，他果然又來了，這次居然紅著臉，像是鼓了很大的勇氣，他說：「我有件事不知道該不該說。」「說吧，我很想聽。」我笑著說，試圖安撫他略為緊張的情緒。他說：「我懷疑×老師誤會我了。上次他在衛生間聽到一個男同學在跟我說髒話，我哈哈笑了兩聲，他一定誤以為我和這個男生一樣不文明。」

「然後呢？」

「然後他看都不看我一眼了。」

「那你準備怎麼辦呢？」

「不知道啊。」他面色為難，睜著兩只大大的眼睛期待地看著我。

我略微有點吃驚，這個孩子在開朗的外表下有著這樣一顆敏感的心，我若是他，產生了這樣的猜想，也的確沒有好辦法去解決，難怪讓他煩惱成這樣。但若說真的一點辦法沒有也不是，「我」就是他最終想到的辦法。「你是希望我去幫你打探一下，你的猜想是不是真的？」我笑著問他。他遲疑地點點頭說：「嗯嗯，好的。」我看出來他是聽到我這樣提議才想到這是個辦法的，之前他僅僅只是想告訴我這件事。

這事的真相當然不是他想的那樣，那位老師聽說此事樂了，說也許只是孩子在招呼他的時候正碰上他在想事情，回應不如平時熱情罷了，下次見到他定要給他一個熱情的擁抱。

小小的孩子不知道老師不會因為學生的錯誤而真正冷淡、疏遠學生，在他的世界裡，這件事不是小事，起碼讓他好幾節課神思不屬，讓他來到我身邊時還猶猶豫豫，思量再三。所幸這件事的解決讓孩子有了經驗，下次再遇到這樣的難題，找個

143

人聊聊說不定就有辦法解決了，總勝過憋在心裡。而這個人，也許平時只是聽聽笑話。

第四節　校長眼中的陪伴

站在學校巷口的陪伴

成都市紅專西路小學校長　尹莉

作為「義務教育階段」的小學六年教育，在孩子整個的教育歷程中，是不算短，誠懇地說，是有點長的日子。這也是孩子需要家長朋友、需要老師、需要夥伴好好陪伴的日子。很多的家長朋友發現，當孩子上了初中、高中，這時，家長們有時間了、有精力了，想要陪陪孩子了⋯⋯可是，孩子沒有時間了，甚至不需要你來陪了。因此，小學階段的親子陪伴顯得非常重要而珍貴。「陪伴」是一個內含非常豐富的話題，如果用「陪伴是⋯⋯」這樣的句式來一言道破──陪伴是放手；陪伴是教育；陪伴是解放；陪伴是尊重⋯⋯這些觀點對不同的陪伴者來說，應該都有「價值」。作為小學的校長的我，目睹了很多形式的「陪伴」，我想從自己的多年教育經驗來談談對「陪伴」的理解。

每天早晨，在學校巷口迎接上學的孩子們時，看著家長們送孩子上學，我想，這就是基本的陪伴吧！為了讓孩子們學著「獨立」，學校要求：每個送孩子的家長只能將孩子送到巷口（有「值周行政老師」在這裡迎接），這裡離學校大門有20米的距離。但是每年初入學的一年級小朋友的家長們總會有「放心不下」的，要「衝」進去將孩子送到門口。如果可以，家長們恨不得把孩子送到教室門口。我非常理解家長們切切的「陪伴」之心，而之所以做出這樣的要求，我想，這是對「陪伴」的不

第五章 眾人說「陪伴」

同詮釋。「陪」字由三部分組成——耳、立、口。不管是用耳朵「聽」，還是言傳的「說」，我想其重要的目標是「立」——這個字，可以解讀為：獨立，尊重，不論是家長還是教師的陪伴，其目的都是使孩子「立」。

陪伴，首先要學會「放手」。孩子的成長自然有自己的節奏、有自己的軌跡，但是家長們經常看到的只有競爭，以及未來越來越激烈的競爭，因而變得緊張敏感，也在「陪伴」中傳遞著這讓人窒息的「緊張」。而正如我在以上談的例子，陪的目的是為了使之「立」。對於學校來說，我們的課堂教學目的是「讓學生能幹」，而不是「展示老師的精彩」，所以，我提倡「課堂，讓孩子成為主角」！從一年級進校開始，老師們從「代」到「扶」到「領」到「放」，是示範、教導、啟發的過程，當然，這「放手」與「放任」雖然都有「放」，卻是完全不同的概念——老師和家長們要學會在旁邊「觀察」孩子，發現孩子的需要，發現孩子的疑惑，發現孩子的興趣，然後用「潤物細無聲」的教導，讓孩子在榜樣的鼓舞下、在相信的目光中、在恰到好處的幫助中，從「模仿」到「創造」，成長起來。例如，學校除了正常地按課表行課，會給孩子們提供 20 多種社團活動的機會。這就是家長們進行「放手促成長」的好機會——讓孩子自己選擇社團，並慎重地告訴孩子「這個選擇，至少需要堅持一個學期」，這樣既尊重孩子的選擇也讓他們學會為自己的選擇負責。

陪伴，是有形的，也是無形的。在送孩子上學的路上，有的家長和孩子肩並肩走著，這是看得到的陪伴，也有的家長是「拉長」了目光送孩子上學，這可能是看不見的。曾經，一位一年級的「膽大」的家長朋友，在孩子上學第一天就採用「目送」的辦法來陪伴（當然家離學校不遠），孩子從哭哭啼啼到三步一回頭到勇敢大步，真的，一年級的小朋友可以自己上學了。

145

陪伴

這不是說，每個家庭都要用這樣的方式，而是說，家長們的陪伴不要只盯著有形的、物質的，而有時，需要關注無形的、心理的陪伴。中國的父母為孩子支出從不吝嗇，對孩子的物質要求，幾乎是一一滿足，而對孩子進行關於愛、尊重、責任等的教育，在面臨「事件處理」的時候，卻因為要這「爭公道」「不吃虧」而拋擲腦後了。比如，當孩子在學校與同學發生了矛盾，家長們的第一反應可能是「為我的孩子打抱不平」，而孩子真正需要的，可能只是一位「傾聽者」，或者有更懂教育的家長會利用這個「契機」讓孩子學會處理自己的情緒，學會處理同學之間、師生之間的人際關係，這會從「更多可能」促進孩子的成長。

陪伴孩子，請給他更多可能性。真正愛自己的孩子、與孩子朝夕相處、觀察他的一舉一動，從而促進孩子的「長足發展」，做到這一點並不是那麼難，但是很多家長卻因為急功近利而關閉了很多可能性。家長們聽到孩子的理想是考上北大、清華，自然會暗自竊喜。可是孩子如果說：我想做一名司機、我想做一名麵包師，我想做一名花工……可能往往就會被家長斷然否定了。作為思維教育的學校校長，我希望，每位家長在陪伴的時候，可以戴上「六頂思考帽」。「六頂思考帽」是學校思維教育中引入的思考技術。很多大型企業喜歡用這個技術，而在小學「教」給孩子們這個方法是不多見的。但是，我們認為，「會思考，需要從娃娃抓起！」簡單地說，就是在分析問題時，需要從不同的角度全面分析——白色思考帽代表「全面信息」、紅色思考帽代表「情緒情感」、黃色思考帽代表「陽光優點」、黑色思考帽代表「負面缺點」、綠色思考帽代表「創新」、藍色思考帽代表「反思控制」。當我們站在孩子的「父母」角度看待問題，往往會自動戴上「紅色思考帽」，對問題的分析、建議，都帶著「情緒」的味道。如果，我們能換著不同顏色帽子，

第五章　眾人說「陪伴」

給孩子不同的思路，讓孩子來「權衡」這些不同角度，或許，就不會出現那麼多「走極端」的孩子。

放學了，我又站在學校巷口，看著已經等在巷口的家長們一邊聊天一邊朝學校張望著，他們之間也是在等候中相互陪伴著；孩子們排著整齊的隊伍舉著「班牌」攜手並肩從校門走出來，這也是比肩的陪伴啊；老師在指定的散學位置與孩子們道別，被家長們圍著瞭解孩子的情況，這也是交流中的陪伴啊！希望小學六年老師、同學、家長相互的真誠陪伴能成為一道微光，溫暖著彼此的成長歷程。

後　記

　　當每個人都說，父母必須多「陪伴孩子」，我想，這個定義不在於人在孩子身邊，不在於罵過、念過、打過，而是，當孩子在經歷他們人生的許多經歷的時候，放下自己想要孩子做什麼的主導性，默默地觀察，尊重且陪著孩子去理解、去度過。

　　牽手女兒走過了一個多學期，我記錄了和記錄著陪伴女兒的點點滴滴，經過了三個多月的調整期，女兒欣喜地告訴我，她已經適應了小學生活，這是對爸爸陪伴的最好褒獎！我希望在女兒長大之後能夠從這本書中尋找美麗的童年記憶──在那段浪漫時光，她和爸爸一起牽手共同成長的故事……

國家圖書館出版品預行編目(CIP)資料

陪伴 / 郭彥軍, 李波 著. -- 第一版.
-- 臺北市：崧博出版：財經錢線文化發行, 2018.10
　　面；　公分
ISBN 978-957-735-630-7(平裝)
1.親職教育 2.子女教育
528.2　　　　107017408

書　名：陪伴
作　者：郭彥軍、李波 著
發行人：黃振庭
出版者：崧博出版事業有限公司
發行者：財經錢線文化事業有限公司
E-mail：sonbookservice@gmail.com
粉絲頁　　　　　　網　址：
地　址：台北市中正區延平南路六十一號五樓一室
8F.-815, No.61, Sec. 1, Chongqing S. Rd., Zhongzheng Dist., Taipei City 100, Taiwan (R.O.C.)
電　話：(02)2370-3310　傳　真：(02) 2370-3210
總經銷：紅螞蟻圖書有限公司
地　址：台北市內湖區舊宗路二段 121 巷 19 號
電　話：02-2795-3656　傳真:02-2795-4100　網址：
印　刷：京峯彩色印刷有限公司（京峰數位）

　　本書版權為西南財經大學出版社所有授權崧博出版事業有限公司獨家發行電子書及繁體書繁體版。若有其他相關權利及授權需求請與本公司聯繫。
定價：300元
發行日期：2018 年 10 月第一版
◎ 本書以POD印製發行